Horst Lichter

Mit Genuss durchs Jahr

Horst Lichter

Mit Genuss durchs Jahr

Inhalt

Die Abkürzungen in den Rezepten bedeuten:

EL = Esslöffel	Stk. = Stück	TL = Teelöffel
Tr. = Tropfen	Msp. = Messerspitze	TK = Tiefkühlkost
Bd. = Bund	Päck. = Päckchen	Pr. = Prise

Meine Jahreszeitenküche

Wenn Sie ehrlich sind, sehen Sie das ganze Jahr über jeden Tag beim Einkaufen exakt die gleichen Dinge: Sie finden zum Beispiel beim Metzger immer gleiche Wurstsorten, immer gleiche Fleischsorten, und die liegen immer an derselben Stelle. Selbst wenn man auf den Markt geht, um Gemüse zu kaufen, liegen immer die gleichen Produkte da. Haben Sie tatsächlich noch ein Gefühl dafür, wann welches Gemüse Saison hat? Die meisten Obst- und Gemüsesorten können Sie über das ganze Jahr kaufen. Spinat ist immer dann erhältlich, wenn Sie Lust darauf haben, und meistens stammt er aus der Tiefkühltruhe. Oder wann haben Sie zum letzten Mal die großen grünen Blätter in einem riesigen Topf zu einer winzigen Portion zusammenfallen sehen? Sicher – Tiefkühlgemüse ist von guter Qualität, aber frischer Spinat schmeckt eben doch besser.

Erdbeeren kann man selbst bei uns in Rommerskirchen auch im Dezember kaufen. Ich finde das schade, denn dadurch geht nicht nur der Geschmack, sondern auch die Vorfreude verloren. Früher haben wir ungeduldig auf die Erdbeerzeit gewartet. Mit manchem Obst oder Gemüse verbindet man eben mehr als nur Essen.

Die Beerenzeit läutet den Sommer ein. Erinnerungen an frühere Jahre werden wach, die Freude auf warme Tage und laue Abende geweckt. Das Gleiche gilt für Spargel. Was macht es doch für einen Spaß, im Spargel regelrecht zu schwelgen! Mit Schinken, ohne Schinken, mit Soße, ohne Soße, überbacken oder mit Vinaigrette – jedes Jahr von Mai bis Juni sind der Kochtopfkarriere des Spargels keine Grenzen gesetzt.

Spargel – das Königsgemüse im Frühjahr

Spargel sollte man dann essen, wenn er frisch vom Feld auf den Markt kommt. Und wenn man dann noch weiß, wie aufwändig es ist, eine einzelne Spargelstange aus der Erde zu befördern, schmeckt er noch mal so gut. Die „Spargelgräben" werden nämlich jeden Tag aufs Neue nach erntereifen Stangen abgesucht. Die Köpfe sollten noch nicht rausgucken, sondern sich nur durch

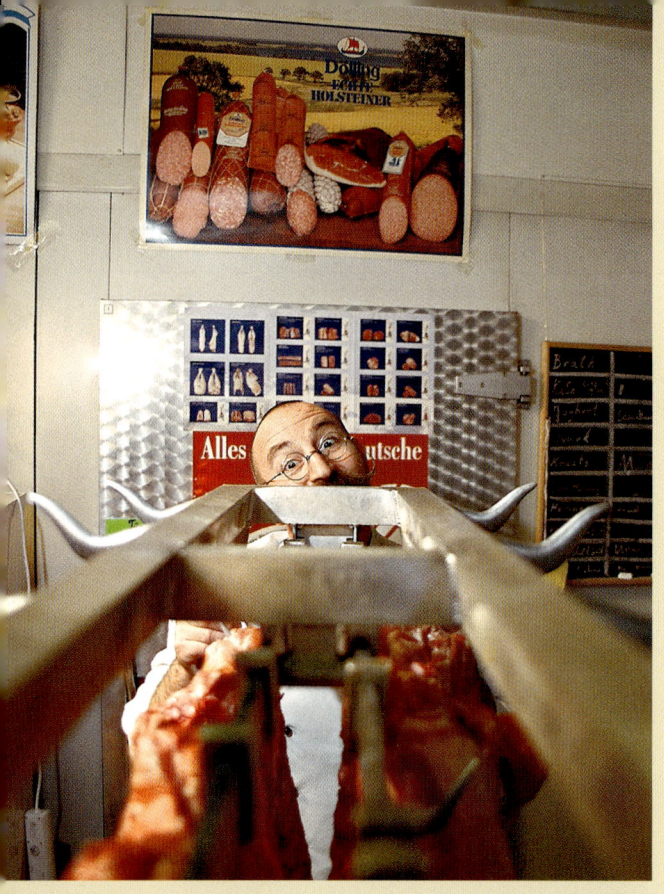

einen kreuzförmigen Riss in der Erde ankündigen. Das erfordert ein gutes Auge und ein gewisses Gespür des Spargelstechers. Beim Buddeln muss man natürlich sehr vorsichtig sein, denn so ein Spargel bricht sehr leicht – aber zu viel Bruchspargel erfreut den Bauern gar nicht. Ist das gesamte Feld gestochen, müssen die Gräben für den nächsten Tag wieder ordentlich aufgehäuft werden, so dass der in der Erde verbleibende Spargel weiter sprießen kann. Manchmal passiert es, dass ein Spargelkopf schon aus der Erde schaut, das heißt dann blauer Spargel, obwohl der Kopf grün aussieht. Auf diese Weise wird übrigens auch grüner Spargel gezogen, er wird erst „überirdisch" geerntet. So ein Spargelfeld kann bis zu sieben Jahre angebaut werden, dann muss es allerdings für zehn Jahre „ruhen" oder für Kartoffeln o.ä. herhalten.

> Manchmal habe ich das Gefühl, dass durch die ständige Verfügbarkeit aller Gemüse- und Obstsorten das Gefühl für den Aufwand, der mit guten Produkten verbunden ist, verloren geht. Der schnelle Konsum zu jeder Zeit hat uns abstumpfen lassen.

Die Sinne schärfen

Doch wenn man etwas bewusster einkauft und auswählt und lernt, wieder mehr auf die unterschiedlichen Jahreszeiten und das passende Saisongemüse zu achten und seinen Einkauf zum größten Teil auf regionale Produkte beschränkt, ist es eigentlich ganz einfach, wieder ein Gefühl für das richtige und vor allem reife Produkt zur rechten Zeit zu entwickeln. Ich nehme mir einfach ein bisschen Zeit für den Einkauf, kaufe möglichst beim Biobauern bei mir um die Ecke ein und frage viel nach.

> Sicher kann man nicht alles wissen – Einkaufen ist ja keine Wissenschaft. Man kauft mit dem Bauch und nicht mit dem Kopf. Aber ab und an sollte man den Kopf schon einmal mitarbeiten lassen.

Fragen, fragen, fragen … das ist mein Tipp für Sie, wenn Sie sich wieder für natürlich belassene Produkte interessieren. Fragen Sie dem Gemüsehändler, dem Metzger, dem Fischhändler ein Loch in den Bauch. Wie wird angebaut, wann wird geerntet, wie wird gelagert, wie gedüngt?

Meine Händler des Vertrauens

Ich habe mit meinen Händlern über die Jahre ein Vertrauensverhältnis aufgebaut. Heute kann ich einfach meine Bestellung abgeben und weiß, dass ich immer frische Ware bekomme. Sie denken von alleine mit und schlagen mir oft neue Sachen und Produkte vor. Ich beziehe meine Produkte vom Bauernhof, da ist es natürlich etwas teurer als im Supermarkt. Wenn ich aber sehe,

welcher Aufwand betrieben wird, mit wie viel Liebe und Engagement die Leute arbeiten, dann weiß ich das zu würdigen, weil das Produkt hinterher einfach besser schmeckt und qualitativ einwandfrei ist. Beim Einkauf in einem Supermarkt habe ich keinen Bezug mehr zu den Produkten. Und dieser Bezug ist mir wichtig, sonst macht mir das Kochen keinen Spaß. Diese Vorliebe für regionale Produkte hat seine Wurzeln in meiner Jugend: Früher war die Küche bei uns in der Familie der Mittelpunkt unseres Alltags. Gegessen wurde nicht zwischen Tür und Angel, sondern wir versammelten uns alle gemeinsam um den Tisch, aßen und tranken, tauschten Neuigkeiten aus oder besprachen Probleme. Meine Mutter konnte sehr gut kochen und verwendete das, was Papa in unserem Garten anbaute. Daneben hielten wir noch Kaninchen, Gänse und Hühner.

Diese „Selbstversorgung" hat mich geprägt, denn da waren immer mal Dinge gleichzeitig reif, die eigentlich gar nicht zusammenpassten, aber doch zusammen verwertet werden mussten – und in Kombination dann ein ganz neues und meistens sehr leckeres Geschmackserlebnis boten. Deshalb kaufe ich auch heute noch so ein, als würde ich im Garten die Dinge zusammenstellen, die mir gefallen.

Mein Einkauf

Ich wähle meine Produkte vor allem nach der Optik aus. Natürlich falle ich dabei nicht auf einen lackierten Apfel herein, der nur noch nach Wasser schmeckt. Das, was ich auswähle, muss nicht zusammengehören oder zusammenpassen. Ich greife spontan nach dem, was mir gefällt, was mir das Wasser im Munde zusammenlaufen lässt, meistens ohne ein bestimmtes Rezept im Hinterkopf zu haben. Und dann kommt natürlich mein Geheimtipp zum Zuge: fragen, fragen, fragen.

Dieses alte Rezept ist dann häufig die Basis für ein völlig neues. Ich hole mir auch viele Anregungen aus Kochbüchern ... die sind dann aber 100 Jahre und älter. Meine Vorliebe für die guten, alten Sachen

„Hör mal zu, was könnt ihr wirklich empfehlen, was habt ihr frisch geerntet, was hat momentan Saison, was schmeckt wann wie am besten? Oder habt ihr 'ne Idee für ein Gericht, wie kocht ihr das?" Auf dem Hof, auf dem ich mein Gemüse kaufe, erkundige ich mich oft bei der über 70-jährigen Seniorchefin: „Wie hast du dieses Gemüse, dieses Obst früher zubereitet?"

Kalbscarré

pro A

100g   € 3,40

GUSTAV BROCK
Wild Geflügel Delikatessen

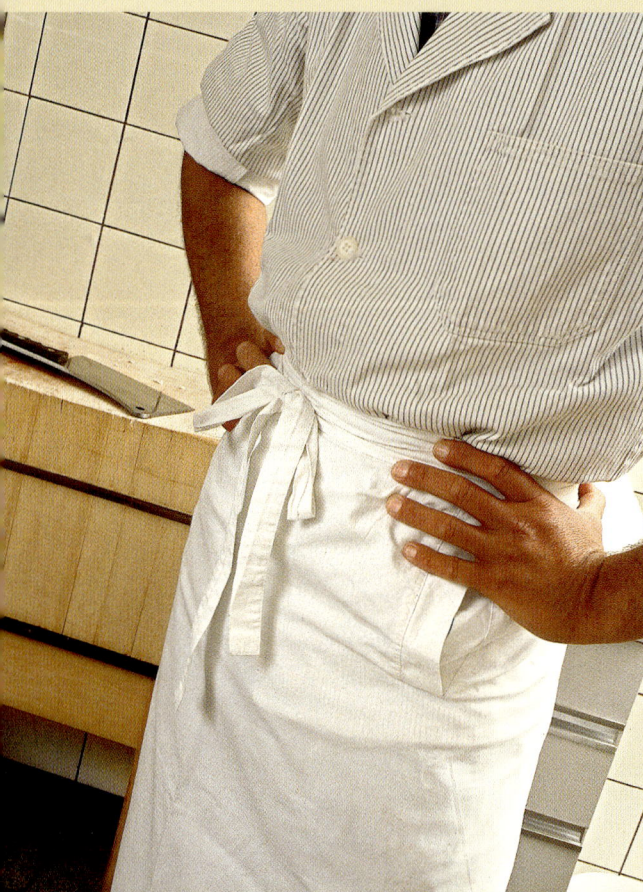

beeinflusst ganz stark meine Küche.

So entstehen viele neue Ideen. Viele meiner Anregungen bekomme ich durch meine angeborene Neugierde. Ich frage Freunde, Bekannte, Gäste: „Ja, wat isst du denn so richtig gerne? Wat haste denn in deiner Kindheit so richtig gerne gegessen? Wat hat deine Mutter gekocht? Oder deine Oma?" Und dadurch erfahre ich vieles, was mich auf neue Geschmackskombinationen bringt, bei denen der traditionelle Schulkoch vielleicht die Nase rümpft, die meinen Gästen jedoch köstlich schmecken.

Früher wurde extrem aufwändig gekocht – mit ganz einfachen Dingen. Und ich möchte mit diesen einfachen Dingen ein ähnliches Resultat erzielen, aber mit weniger Aufwand. Das geht ja heute, ich muss ja zum Beispiel mein Mehl nicht mehr selber mahlen.

So geht es mir oft:
Beim Einkauf bekomme ich Lust auf die Dinge, die ich sehe

Mir persönlich schmecken am besten Mischungen aus deftig und süß, zum Beispiel Fisch mit Apfelrahmsauce. Ich kombiniere auch gerne Obst und Gemüse. Viele sagen dann, das kann man doch nicht machen. Kann man aber doch! Auf diese Weise entstehen ganz fantastische Soßen; ein Apfel gibt einer Sauce zum Blumenkohl einen Geschmack, bei dem du hinterher einfach denkst: Wow! Das Gleiche gilt für Rhabarber. Alle essen Rhabarber immer nur süß-sauer als Dessert, als Kompott. Ich hab einfach mal frischen Rhabarber gekauft, weil der so toll aussah, und dann hab ich daraus zu Rinderfilet mit frischen Pfifferlingen ein Sößchen gemacht. Und das war einfach nur lecker und – wer hätte das gedacht – sehr erfrischend.

Ich gehe nie mit dem Gedanken einkaufen: „So, heute muss es Schweinshaxe mit Sauerkraut und Knödeln sein." Denn was ist, wenn ich an diesem Tag keine schöne Schweinshaxe kriege? Oder es gibt gerade kein Sauerkraut? Dann gehen die Leute frustriert nach Hause oder fahren so lange einkaufen, bis sie Sauerkraut finden. Ich mach das anders. Ich gehe einkaufen, sehe da schöne Äpfel, von denen ich einen mitnehme, finde da ein appetitliches Gemüse, das ich kaufe, geh an die Fleisch- oder Fischtheke, denke: „Oh, dat sieht schön aus." Und nehme es einfach mit.

Mein Rat an alle, die jeden Tag kochen müssen:
Immer mal was Neues versuchen

Ich versteh auch gut die Menschen, die jeden Tag kochen müssen und irgendwann nicht mehr wissen, wo sie die neuen Ideen hernehmen sollen. Sie greifen früher oder später nach dem berühmten Rotationssystem: „Ach, dat hab ich lange net mehr gemacht." Das ist ja auch verständlich, jeder hat schließlich seine Lieblingsgerichte. Aber sie sind nicht kreativ, sie kochen nichts Neues

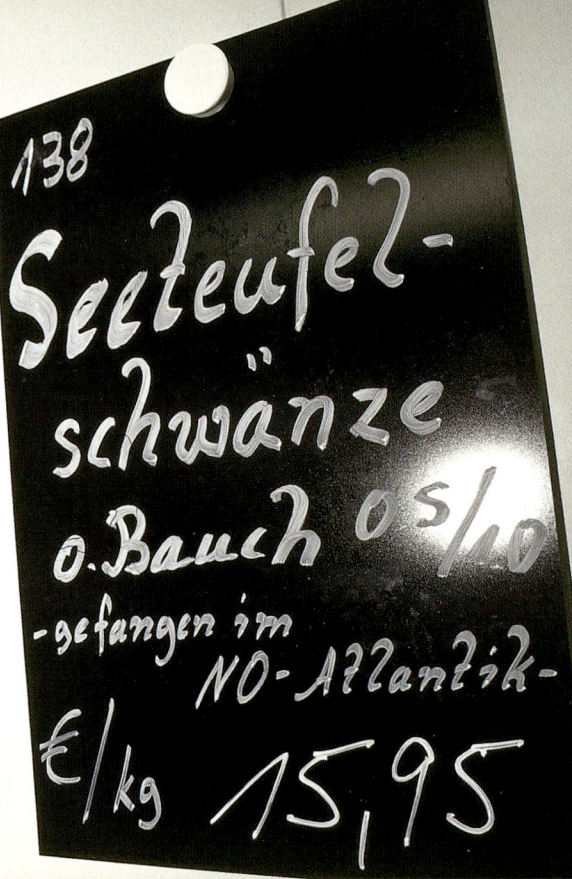

138

Seeteufel-
schwänze
o. Bauch 05/10
-gefangen im
NO-Atlantik-
€/kg 15,95

Sardellen
-gefangen im Mittelmeer
2,95

mehr, haben die Freude am Ausprobieren verloren. Das finde ich schade. Kochen und Essen sollten Genuss sein und bleiben – auch wenn es zu den alltäglichen Pflichten gehört.

Der Einkauf ist für mich keine lästige Pflicht, sondern gehört ganz wesentlich zu meiner Inspiration. Wenn ich einkaufen gehe, sehe ich mir die Produkte an, sehe mir die Menschen hinter der Theke an, sehe meine Mitmenschen an, die mit mir einkaufen, und ich höre zu, was sie erzählen. Und aus all diesen Dingen hole ich mir meine Anregungen und sage: „Heute koche ich mal was ganz anderes."

Frisch eingekauft trifft Speisekammer – die Mischung macht's

Klar kann ich nicht jeden Tag alles einkaufen, deshalb beherbergt meine Küche eine Grundausstattung. Wer schon mal bei mir gegessen hat, weiß, dass ich immer Butter in der Küche habe. Ohne Butter macht das Kochen keinen Spaß.

Jeden Abend trifft dann das frisch nach Lust und Laune Eingekaufte auf meine Basics. Ich breite meine Beute aus und ziehe Bilanz: Apfel und Blumenkohl – kann das zusammen schmecken? Daneben liegt das Bündel Dill, das ich nur aus einem Grunde erstanden habe: weil es gerade frisch war. Ich habe ein bisschen Zitronenmelisse gekauft, die sehr verlockend aussah, ich hab ein Stückchen Schweinefilet gefunden und ein wenig Blätterteig. Ich experimentiere gerne und trau mich: Zum altbekannten Blumenkohl gibt es heute Abend eine interessante Sauce aus Apfel, Dill und Zitronenmelisse. Das Schweinefilet liegt dazu warm im Blätterteigmantel. Meine Gäste sind begeistert.

Natürlich ist auch immer Sahne da – meine Sahnekännchen in allen erdenklichen Formen und Farben sind ja mittlerweile zu meinem Markenzeichen geworden. Manche meiner Gäste bringen mir alte Kännchen von Großmutter mit. Die bekommen dann einen Ehrenplatz in meiner Sammlung.

Essen ist Lebenskunst

In unserem hektischen Alltag versuchen die Menschen, viel Zeit beim Essen zu sparen: schnell und zwischendurch soll es sein. Über das Essen machen sich die meisten nur wenig Gedanken, obwohl es eines der wichtigsten Dinge im Leben ist. Wenn meine Gäste zu mir in die Oldiethek kommen, sollen sie sich Zeit nehmen. Ich möchte, dass sie sich entspannen und die frischen Sachen genießen. Mein Ziel ist es, dass sie wieder entdecken, wie süß frische Erdbeeren im Juni schmecken und wie groß die Auswahl an Gemüsen auch im Winter ist. Dazu muss man nicht mit veredelten Produkten kochen, sie sollten relativ natürlich wachsen und verarbeitet werden, wenn sie wirklich reif sind.

Lichters
Vorspeisen

Spargelsuppe mal kräftig deftig

Ich schäle den Spargel und koche die Schalen und Endstücke in 1 l Wasser mit 20 g Butter, Salz und Zucker gut aus. Danach passiere ich alles und lasse es auf ca. ¼ l Brühe reduzieren. Die Spargelköpfe schneide ich ab und lege sie beiseite. Sie werden kurz vor dem Anrichten in Butter gedünstet und zur Dekoration verwendet. Die Spargelstangen schneide ich in ca. ½ cm große Stücke und dünste sie in der Kräuterbutter an. Dann gebe ich das Tomatenmark und den Senf dazu und lasse alles wieder gut angehen. Anschließend wird mit der Brühe und der Sahne aufgefüllt.

Ich lasse die Suppe ca. 25–30 Minuten bei kleiner Temperatur köcheln und würze mit Salz, Pfeffer und geriebener Muskatnuss. Vor dem Servieren nehme ich sie von der Hitze, lasse sie abkühlen und mit dem Eigelb vorsichtig legieren (siehe Seite 22). Die gedünsteten Spargelköpfe gebe ich oben drauf.

Tipp: Das Legieren gelingt am besten, wenn das Eigelb mit einem guten Schuss kalter Sahne aufgeschlagen wird.

Frühjahr

Zutaten für 6–8 Personen:

500 g Spargel

20 g Butter

50 g Kräuterbutter

2 TL Tomatenmark

4 TL süßer Senf

½ l Sahne

geriebene Muskatnuss

4 Eigelb

Salz, Zucker

geschroteter Pfeffer

Gemüsesuppe

Sellerie, Möhren, Kohlrabi, Porree und Kartoffeln schälen, waschen und in 1 x 1 cm dicke Stücke schneiden. In der Gemüsebrühe mit den Bohnen, Blumenkohl- und Broccoliröschen ca. 20–25 Minuten gar ziehen lassen. Mit Salz, Pfeffer und einer Prise Zucker abschmecken.

Die rote Zwiebel in Scheiben schneiden, in der Pfanne anbraten und zur Dekoration auf die Suppe geben.

Sommer

Zutaten für

4–6 Personen:

1 Sellerieknolle

3 große Möhren

1 große Kohlrabi

1 große Stange Porree

200 g fest kochende Kartoffeln

1 1/2 l Gemüsebrühe

100 g Bohnen

1 Blumenkohl

1 Broccoli

1 rote Zwiebel

Salz, Pfeffer

1 Pr. Zucker

Feines Muschelsüppchen

Winter

Zutaten für 4 Personen:

1 kg Miesmuscheln
100 g Schalotten
4–6 Knoblauchzehen
100 g Tomaten
100 g Blattspinat
100 g Porree
100 g Möhren
Butter
1/2 l trockener Weißwein (Riesling,
Weiß- oder Grauburgunder)
Olivenöl
300 ml Sahne
2 Kapseln Safranfäden
1 Eigelb
Salz, weißer Pfeffer aus der Mühle

Die Muscheln sollten frisch und klar nach Meer riechen, ihre Schalen sollten geschlossen und unbeschädigt sein. Kaputte und geöffnete Muscheln aussortieren und verwerfen. Die Muscheln unter reichlich fließend Wasser mit einer Wurzelbürste säubern.

Die Schalotten und den Knoblauch fein würfeln, Tomaten überbrühen, häuten und entkernen, das Tomatenfleisch in Würfel schneiden. Den Spinat waschen, tropfnass in einem kleinen Topf bei mittlerer Hitze zusammenfallen und danach abtropfen lassen. Den Porree gut putzen und in feine Streifen schneiden. Die Möhren ebenfalls putzen und klein schneiden.

Einen guten Stich Butter in einen großen Topf geben, die Hälfte der gewürfelten Schalotten und des Knoblauchs kurz anschwitzen lassen. Die Muscheln dazugeben und durchrühren. Den Wein zugießen und bei starker Hitze im geschlossenen Topf ca. 10 Minuten garen. Danach abgießen und dabei den Sud auffangen. Jetzt ist es umgekehrt: Muscheln, die sich nicht geöffnet haben, wegwerfen. Aus den anderen das Muschelfleisch auslösen.

Jetzt erhitze ich ein wenig Öl in einem Topf und gebe einen Stich Butter dazu. Dann den Rest der Schalotten, des Knoblauchs, die gewürfelten Tomaten, den Porree und die Möhren dazugeben. Ein paar Minuten anschwitzen und mit dem Muschelsud sowie der Hälfte der Sahne auffüllen. Die Safranfäden zugeben und verrühren. Einmal kurz aufkochen und ein paar Minuten vor sich hin köcheln lassen. Die Hitze reduzieren, damit es nicht mehr kocht und das Muschelfleisch und den Spinat zugeben.

Besonders cremig wird die Suppe, wenn sie legiert wird. Dazu die restliche Sahne mit dem Eigelb verquirlen und in die heiße, aber nicht mehr kochende Suppe geben. Vorsichtig verrühren und mit Salz und Pfeffer abschmecken.

Steckrübensuppe

Die Steckrübe wird auch Kohlrübe, Erdrübe, Schmalzrübe oder Bodenkohlrabi genannt. Sie verfügt über einen zarten, leicht herb-süßlichen Geschmack und bietet viele kulinarische Möglichkeiten: Sie wird gekocht, geschmort oder gratiniert, fast immer wird sie warm verzehrt. Für die Küche werden die gelbfleischigen Sorten verwendet. Diese Farbe kommt von den Karotinen. Steckrüben sind gesund, denn sie enthalten Traubenzucker, Eiweiß, Fett, schwefelhaltige ätherische Öle und Vitamine. Sie sollten aber nicht länger als 10 Tage im Gemüsefach des Kühlschranks gelagert werden, denn sie verlieren an Geschmack.

Die Steckrübe schälen und in kleine Würfel schneiden. Die Schalotten ebenfalls fein würfeln. Einen guten Stich Butter in einem Topf zerlassen und die Schalotten anschwitzen. Sie sollten nicht braun werden. Die Steckrübenwürfel hinzugeben und ebenfalls kurz anschwitzen. Mit Brühe und Sahne auffüllen. Das Verhältnis Brühe zu Sahne kann nach Geschmack variiert werden. 20 Minuten bei geschlossenem Deckel köcheln lassen.

Sind die Steckrübenwürfel weich, alles mit einem Pürierstab pürieren. Die Suppe sollte eine cremige Konsistenz bekommen. Mit Salz und Pfeffer abschmecken. Den Räucherlachs in Streifen schneiden und auf die Suppe legen, mit etwas Dill garnieren.

Tipp: Zur Steckrübensuppe serviere ich ebenfalls sehr gerne Räucheraal. Anstatt der Steckrübe kann auch jedes andere Wurzelgemüse zu einer Cremesuppe verarbeitet werden: Möhren, Sellerie oder Petersilienwurzel.

Herbst

Zutaten für 4 Personen:

1 mittelgroße Steckrübenknolle
1–2 Schalotten
Butter
1/2 l Gemühsebrühe
1/4 l Sahne
150 g Räucherlachs
Dill
Salz, Pfeffer

Mulligatawny-Suppe

Dinner for One: Jedes Jahr am Silvesterabend serviert James Miss Sophie als Vorspeise eine Mulligatawny-Suppe. Diese Suppe mit dem exotischen Namen stammt ursprünglich aus Indien. Aus dem Tamil übersetzt heißt sie „Pfefferwasser". Seit ihrer Einführung nach Europa im späten 18. Jahrhundert hat diese indische Suppe viele Variationen erfahren, sie wurde unserem westlichen Geschmack angepasst. Es gibt viele verschiedene Rezepte für die „Mulligatawny-Suppe": vegetarisch, mit Huhn, mit Lamm, mit oder ohne Tomaten, mit Reis, mit Linsen ... Dies ist eine Version, die sich auf ein altes Rezept von 1818 aus dem Buch „The Cock's Oracle" von Dr. William Kitchener stützt.

Die Gemüsezwiebel, die Möhre, den Sellerie, die Chilischote, den Knoblauch und den Ingwer in feine Stücke schneiden. In einem Kochtopf alles in Butter andünsten, bis die Zwiebelstücke glasig werden. Nicht bräunen lassen. Jetzt das Currypulver darüber streuen und kurz mitrösten. Mit etwas Mehl bestäuben und wieder kurz ziehen lassen. Mit der Hühnerbrühe ablöschen. Die Nelken in das Lorbeerblatt stecken, dazugeben und Zitronensaft hinzugießen. Alles einmal aufkochen lassen. Die Hühnerbrüste als Ganzes hinzufügen. Die Brühe nicht mehr kochen, sondern nur noch leise simmern lassen. Nach 20–30 Minuten sind die Hühnerbrüste gar und können herausgenommen werden. Die Suppe noch 10 Minuten weiterköcheln lassen, bis das Gemüse ganz weich ist. Das Lorbeerblatt mit den Nelken herausfischen und die Suppe pürieren. Das Hühnchenfleisch in kleine Stücke schneiden und wieder zur Suppe geben. Den Apfel mit der Schale in Schnitzel schneiden und in der Suppe kurz mitkochen lassen, Kokoscreme, saure Sahne und gehackten Koriander hinzufügen und mit Salz und Pfeffer abschmecken. Die Schalotte in feine Streifen schneiden und in etwas Butter braun rösten. Zum Schluss als Dekoration auf die Suppe geben.

Zutaten für 4 Personen:

1 kleine Gemüsezwiebel

1 Möhre

1/4 Sellerieknolle

1 rote Chilischote

1 Knoblauchzehe

1 Stück Ingwer

Butter

2 TL Currypulver

Mehl

1 l Hühnerbrühe

2 Nelken

1 Lorbeerblatt

2 EL Zitronensaft

2 Hühnerbrüste

1 Apfel

6 EL ungesüßte Kokoscreme

1 Becher saure Sahne

1 Bd. frischer Koriander

1 Schalotte

Salz, Pfeffer

Salat à la Lichter

Einen guten Salat hacke ich niemals klein, reiße die Zutaten nicht in Stücke und serviere ihn vor allem nicht in der Sauce ertrinkend! Am liebsten belasse ich alles so, wie ich es – je nach Saison – auf dem Markt gekauft habe. Der Salat wird lediglich gut gewaschen und auseinander genommen, das Gemüse geputzt und je nachdem in mundgerechte Stücke geschnitten. Dann richte ich alles zusammen auf einem großen Teller an, von dem sich jeder nehmen kann, und serviere getrennt das Dressing.

Kartoffeln kochen und durch eine Presse ins Öl drücken. Essig und Senf dazugeben und mit der Gemüsebrühe gut verrühren. Schalotten und Schinken würfeln und in einer Pfanne kurz anbraten. Die Nüsse hacken, Frühlingszwiebel und Kräuter nach Wahl ganz fein schneiden und alles in die Sauce geben. Mit Salz, Pfeffer und Zucker abschmecken.

Das schmeckt so gut, dass es fast zu schade für den Salat ist. Aber nur fast!

Zutaten für 6–8 Personen:

200 g mehlig kochende Kartoffeln
1/2 l Olivenöl
1/4 l Balsamicoessig
2 EL Wabensenf
1/4 l Gemüsebrühe
3 Schalotten
150 g Schinken, luftgetrocknet
100 g Walnüsse
1 Frühlingszwiebel
evtl. frische Kräuter nach Wahl
Salz, weißer Pfeffer
Zucker

Lichters
Kleinigkeiten

Blätterteigtaschen

Grundrezept für
die Füllung:

1 Zwiebel
Butter
Salz, Pfeffer

Den aufgetauten TK-Blätterteig auf einer bemehlten Fläche zu 2 mm dicken Quadraten ausrollen.

Zwiebel in feine Würfel schneiden, in etwas Butter goldbraun anschwitzen und mit Salz und Pfeffer würzen. Jetzt zwei der Blätterteigkanten mit Eiweiß bestreichen und etwas Füllung in die Mitte geben. Die Scheiben auf Spitze zuklappen und an den Rändern mit einer Gabel andrücken. Im vorgeheizten Backofen bei 225–250 °C etwa 15–20 Minuten backen. Die Blätterteigtaschen sollten gut aufgegangen sein und eine goldbraune Farbe haben. Für eine schöne Kruste die Taschen nach der Hälfte der Backzeit mit Eigelb bepinseln.

Herzhafte Füllung:
Grundmasse, gewürfelter Räucherspeck, Champignons, Frühlingszwiebel in feinen Ringen, Senf, Petersilie

Italienische Füllung:
Grundmasse, Würfel von gehäuteten und entkernten Tomaten, Spinat, Ricotta, Basilikum, geriebener Parmesan

Indische Füllung:
Grundmasse, gegarte Hähnchenbrust in feine Würfel geschnitten, angeröstete und zerkleinerte Cashewnüsse, frische oder getrocknete Aprikosen, Currypulver, Cayennepfeffer

Nordische Füllung:
Geräucherter Lachs, in Stücke gezupft, Zitrone ohne Schale, in feine Würfel geschnitten, Sahnemeerrettich, Dill, evtl. Shrimps

Mettfüllung:
Schweinemett, Paprika gewürfelt, Senf, Schnittlauch, Knoblauch gewürfelt

Gefüllte Paprika

Für die Füllung Zwiebel, Gurke und Tomaten in kleine Stückchen hacken. Mit Eiern, Salz und Pfeffer sowie dem Gehackten gut vermischen. Kurz in einer Pfanne mit Olivenöl anbraten. Danach in die ausgehöhlten Paprikaschoten füllen und im Backofen bei 180 °C ca. 8–10 Minuten garen lassen.

Dazu schmeckt Reis besonders gut.

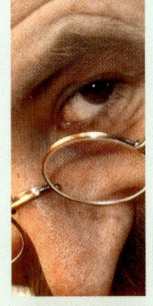

Zutaten für 4 Personen:

1 Zwiebel

1 Salatgurke

6 Tomaten

2 Eier

600 g Hackfleisch

(halb und halb)

Olivenöl

4 rote Paprika

Salz, Pfeffer

Überbackene Paprika

Die Deckel der Paprikas abschneiden, Kerngehäuse entfernen und am Boden gerade schneiden, damit sie gut stehen. Aber Vorsicht, dass kein Loch entsteht!

Die Kartoffeln schälen und kochen. Möhren, Porree und die abgeschnittenen Paprikastücke in feine Würfel schneiden und mit dem ebenfalls gewürfelten Speck schön anbraten. Die Kartoffeln pressen und das restliche Gemüse sowie den Speck darunter mischen. Mit Salz, Pfeffer und Muskatnuss würzen. Die Masse in die Paprikas füllen und mit dem geriebenen Käse bedecken. Ca. 15 Minuten im Backofen bei 250 °C garen.

Dazu passt ein Spiegelei. Das ist lecker.

Zutaten für 4 Personen:

4 große Paprika

300 g mehlig kochende Kartoffeln

3 Möhren

1 Stange Porree

50 g fetter Speck

Muskatnuss

150 g geriebener

Holländer-Käse

Salz, Pfeffer

Gefüllte Champignonköpfe auf Blattspinat

Die Champignonstiele vorsichtig herausbrechen und mit den Schalotten fein würfeln. Mit Butter in der Pfanne anschwitzen und ständig rühren, damit sie möglichst nicht braun werden und viel Flüssigkeit verdampft. Anschließend gut auskühlen lassen.

Ei, Sahne, Muskat, Cayennepfeffer und den ausgedrückten Inhalt der Bratwurst mit dem Mixstab pürieren und die Pilz-Zwiebel-Masse, die Petersilie und 2 EL Parmesan unterheben. Alles in eine Spritztüte füllen und in die ausgehöhlten Champignonköpfe geben. Mit dem Emmentaler bestreuen. Den Blattspinat gründlich waschen, ganz kurz in reichlich stark kochendem Salzwasser blanchieren, eiskalt abschrecken, abtropfen lassen und trockentupfen. Die Champignons auf einem leicht eingefetteten Backblech für ca. 15 Minuten in dem auf 180°C vorgeheizten Backofen garen lassen.

In der Zwischenzeit die Gemüsezwiebel und die Knoblauchzehen fein würfeln und in heißer Butter glasig schmoren. Mit der Pfeffer-Salz-Mischung, Brühe-Extrakt, Muskat und Zucker würzen. Den Spinat damit vermischen und erhitzen, zum Schluss den restlichen Parmesan unterheben. Die Champignons darauf anrichten.

Dazu schmecken Salzkartoffeln oder einfach Baguette.

Zutaten für 4 Personen:

12–16 große Champignons

3 Schalotten

1 EL Butter, 1 Ei

100 ml Sahne

1 Pr. Muskat und Cayennepfeffer

200 g frische, feine Bratwurst

2 TL gehackte Petersilie

6–7 EL geriebener Parmesan

4–5 EL geriebener Emmentaler

1 kg Blattspinat (Freiland)

1 Gemüsezwiebel

2 Knoblauchzehen

100 g Butter

$1/2$ TL gekörnte Brühe

$1/2$ TL Muskat

$1/2$ TL Zucker

$1/2$ TL Pfeffer-Salz-Mischung (1:6)

Ziegenkäsenocken auf kalter Tomatensauce

Sommer

Wer noch niemals Ziegenkäse versucht hat, sollte unbedingt mit den milden Sorten anfangen, am besten wie in diesem Rezept mit einem Ziegenfrischkäse.

Butter und Eigelb schaumig rühren, den zerbröselten Ziegenkäse und das fein gehackte Basilikum sowie die Semmelbrösel unterrühren. Mit Salz und weißem Pfeffer abschmecken. Die Masse sollte am Ende nur noch wenig geschmeidig sein. Da der Ziegenfrischkäse immer unterschiedlich fett und feucht ist und die Eigelbe nicht gleich groß sind, müssen Sie dabei etwas Fingerspitzengefühl zeigen. So viel Weizengrieß einstreuen, dass Sie eine fest-pastöse Masse erhalten, lieber etwas trockener, damit die Nocken im siedenden Wasser nicht auseinander fallen. Die Mischung muss drei Stunden abgedeckt im Kühlschrank ruhen.

Die Tomaten enthäuten, entkernen und so fein zerkleinern, dass noch kleine Stücke erkennbar sind. Mit Essig, Salz, schwarzem Pfeffer, Walnuss- und Olivenöl sowie Tabasco abschmecken. Die Oliven kurz abspülen, abtropfen lassen und achteln.

Aus der Ziegenkäsemasse mit einem Esslöffel Nocken abstechen und in siedendem Wasser 10–15 Minuten garziehen lassen. In einem tiefen Teller die Tomatensauce mit den Olivenschnitzen anrichten, die Nocken hineinlegen und mit gehacktem Basilikum bestreuen.

Mit Basilikumblättern garnieren.

Zutaten für 4 Personen:

Für die Nocken:
200 g Ziegenfrischkäse (ohne Asche)
70 g Butter
6 Eigelb
1 Bd. Basilikum
100 g Weißbrotbrösel
Weizengrieß
Salz, weißer Pfeffer

Für die Tomatensauce:
400 g reife Tomaten
1 TL Sherryessig
1 TL Walnussöl
Olivenöl
12 schwarze Oliven ohne Kerne
Tabasco, schwarzer Pfeffer
Basilikum zum Garnieren

Quiche Lorraine de luxe

Den Mürbeteig am besten mit einer Küchenmaschine herstellen. Alle Zutaten, bis auf das Wasser, in die Rührschüssel geben und das Messer auf der schnellsten Stufe kurz rotieren lassen. Nur so lange, bis sich Mehl und Butter bröselig verbinden. So viel kaltes Wasser zugeben, bis sich eine feste Teigkugel bildet. Den Teig in Frischhaltefolie schlagen und eine halbe Stunde ruhen lassen. Wer keine Küchenmaschine besitzt, nimmt ein großes scharfes Küchenmesser und hackt die Zutaten auf der Arbeitsplatte schnell untereinander. Den Teig möglichst wenig mit den Händen berühren, er wird sonst warm und zäh.

Für die Füllung den Speck in feine Streifen schneiden, die Schalotten und den Knoblauch fein hacken. Alles in etwas Butter anbraten. Dann die geschälten Garnelen dazugeben und ebenfalls anbraten.

Den gewaschenen und kurz blanchierten Spinat mit in die Pfanne geben und kurz anziehen lassen. Mit Salz, Pfeffer und Muskat kräftig abschmecken.

Eine Springform mit dem Mürbeteig auslegen und mit etwas leicht verschlagenem Eiweiß auspinseln. So feuchtet der Teig nicht durch. Die Eier mit der Sahne und der Crème double verschlagen, den Inhalt der Pfanne in die Form geben und alles mit der Ei-Sahne-Masse übergießen. Mit dem geriebenen Käse bestreuen. Im Backofen bei 200–220 °C mindestens 30 Minuten backen. Wenn der Käse zu kross wird, mit Alufolie abdecken. Wer eine sehr krosse Käsekruste liebt, der schaltet kurz vor Ende der Garzeit einmal den Grill an. Entscheidend ist bei der Garzeit, dass die Ei-Sahne-Masse gestockt sein muss.

Herbst

Zutaten für 4 Personen:

Für den Mürbeteig:
300 g Mehl
250 g kalte Butter
1 Ei, 1 Pr. Salz
kaltes Wasser

Für die Füllung:
250 g durchwachsener Speck
2 Schalotten, 1–2 Zehen Knoblauch
Butter
8 Garnelen (King Prawns)
500 g Spinat
4 Eier
¼ l Sahne
2 EL Crème double
250 g geriebener Käse
(Emmentaler oder Gruyère)
Salz, Pfeffer, Muskat

Scharfe Mini-Kohlrouladen

Ich zupfe die großen Außenblätter vom Weißkohl ab, wasche sie und blanchiere sie kurz in Brühe.

Das Gehackte vermenge ich mit den Eiern, dem Paniermehl und der fein gehackten Zwiebel. Die Peperoni wird aufgeschnitten, entkernt, klein geschnitten und ebenfalls zu dem Gehackten gegeben. Ich würze mit Schnittlauch, Salz, Cayennepfeffer und Wabensenf. Dann gebe ich jeweils ca. 50 g der Masse in große Kohlblätter und falte sie zu. Diese lege ich in einen gefetteten Bräter und lasse sie im Backofen bei ca. 250 °C 15 Minuten garen.

Tipp: Ein Butterflöckchen auf dem Kohlblatt lässt es nicht austrocknen. Statt des Weißkohls kann man auch sehr gut Wirsing verwenden.

Zutaten für 6 Personen:

1 Weißkohl
Brühe
500 g Hackfleisch
(halb und halb)
3 Eier
ca. 150 g Paniermehl
1 Zwiebel
4 Peperoni
1/2 Bd. Schnittlauch
Wabensenf
Salz, Cayennepfeffer

Butzheimer Rouladen

Winter

Die Porreestangen gut waschen und in ca. 15 cm lange Stücke schneiden. In den Schinken einwickeln und in der Pfanne kurz anbraten. Danach für ca. 15–20 Minuten bei 160–180 °C im Backofen garen lassen. Mit der Gabel kontrollieren, ob der Porree weich wird.

Für die Sauce 20 g Butter in einer tiefen Pfanne auslassen. Die in feine Stücke geschnittenen Lauchzwiebeln andünsten. Crème double und Rübenkraut dazugeben. Salzen und ca. 10 Minuten ziehen lassen. Den Rettich schälen und in hauchdünne Streifen schneiden. Ca. 15 Minuten mit Salz ziehen lassen.

Vor dem Anrichten die Sauce zu den Schinken-Porree-Rouladen geben und mit gebuttertem Schwarzbrot und Rettichstreifen servieren.

Zutaten für 4 Personen:

2 Stangen Porree

8 Scheiben Farmerschinken

20 g Butter

1 Bd. Lauchzwiebeln

2 Becher Crème double

2 TL Rübenkraut

1 großer Rettich

1 Pfund Schwarzbrot

Salz

Vitello tonnato

Bleichsellerie, Möhre und Zwiebel grob zerkleinern und mit Lorbeerblättern, Gewürznelken, Essig, Weißwein, Wasser und etwas Brüheextrakt aufkochen. Die Putenbrust in den Sud geben und ca. 40 Minuten köcheln lassen. In der Flüssigkeit erkalten lassen und anschließend quer zur Faser in ca. 1/2 cm dicke Scheiben schneiden. 1/3 der durchgesiebten Kochflüssigkeit stark einkochen und abkühlen lassen. Aus Eigelb, Öl, Senf und etwas Zitronensaft eine Mayonnaise mixen und mit den pürierten Sardellen „salzen". Den Thunfisch mit etwas Thunfischöl pürieren, dazugeben und mit etwas Brühe-Reduktion und ein paar Kapern verrühren. Eventuell mit ein wenig Milch oder Sahne verdünnen. Nun in ein Gefäß abwechselnd Thunfischcreme, Fleisch und wiederum Thunfischcreme schichten. Mit Klarsichtfolie abdecken und ca. 24 Stunden oder länger im Kühlschrank ziehen lassen.

Mit Baguette oder – stilecht – mit italienischem Ciabatta und einem trockenen italienischen Weißwein oder Rosé servieren. Auch sehr gut als Vorspeise für „Saltimbocca alla romana" (siehe Seite 90) geeignet.

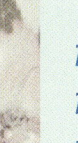

Zutaten für 4 Personen:

1 Stange Bleichsellerie

1 Möhre

1 große Zwiebel

2 Lorbeerblätter

2 Gewürznelken

1 EL Essig

700 ml Weißwein

400 ml Wasser

Brüheextrakt

500–600 g Putenbrust

2 Eigelb

200 ml Öl

1 TL Senf

Zitronensaft

6 Sardellen

200 g Thunfisch

Kapern

evtl. Milch oder Sahne

Avocado-Variationen

Für eine kleine Vorspeise sind Avocados sehr gut geeignet. Die Früchte unmittelbar vor dem Verzehr längs in zwei Hälften schneiden und das Fruchtfleisch mit Zitronensaft einstreichen. Avocados lassen sich mit allem Möglichen füllen, z. B. mit:

Shrimps–Cocktail
Shrimps mit Zitronensaft, Maraschino und Pfeffer marinieren. Crème fraîche, Mayonnaise, geriebene Zitronenschale, Salz, Zucker und fein gehackte Dillspitzen vermischen, die Shrimps unterheben und in die Avocadohälften füllen.

Avocado–Fächer mit Roquefort-Dressing
Avocados dünn schälen, halbieren und in feine Streifen schneiden. Die Menge je einer halben Frucht auf Tellern fächerartig auslegen und mit Zitronensaft einpinseln. Roquefort zerquetschen, mit Zitronensaft, Salz, Pfeffer und etwas Weinessig cremig rühren. Etwas Sahne dazugeben und fein gehackte Kräuter – z. B. Kerbel oder Schnittlauch – unterheben. Roquefort-Dressing auf Fächern von vier Avocadohälften verteilen und etwas Baguette dazu reichen.

Avocado–Dip
Avocados dünn schälen, würfeln und mit Zitronensaft, etwas Cayennepfeffer, Sojasauce, Crème fraîche und Joghurt cremig mixen.

Zutaten für 4 Personen:

2 Avocados
250 g Shrimps
1 TL Zitronensaft
2 EL Marashino
2 EL Crème fraîche
3 EL Mayonnaise
geriebene Zitronenschale
1 Bd. Dill, 1–2 EL Zucker
1 Pr. Salz, 1 TL Pfeffer

2 Avocados
Zitronensaft
ca. 200 g Roquefort
Weinessig, Sahne
Kräuter nach Wahl
Salz, Pfeffer

2 Avocados
1 EL Zitronensaft
Cayennepfeffer
1 TL Sojasauce
2 EL Crème fraîche
2 EL Joghurt

Geflügelsalat

Fleischstreifen von Puten- oder Hähnchenbrustfilet in einer Schüssel mit Mais, gewürfelten Aprikosen, abgetropften Lychees, mundgerecht geschnittenen Palmenherzen, in Zitronensaft marinierten Scheiben von Roséchampignons und feinen Würfeln von frischen Ananas vermischen. Aus Mayonnaise, Sahne, Zitronensaft, Aprikosensaft, Curry, Pfeffer, Salz und Zucker ein dickflüssiges Dressing mischen und mit Fleisch, Obst und Gemüse vermischen. Zuletzt noch Sojasprossen und Ringe von Lauchzwiebeln unterheben.

Zutaten für 4 Personen:

ca. 600 g Puten- oder Hähnchenbrustfilet
1 kleine Dose Mais
1 Dose Aprikosen
1 kleine Dose Lychees
1 kleine Dose Palmenherzen
200 g Roséchampignons
Zitronensaft
1/2 Ananas
1 Beutel Sojasprossen
2 Lauchzwiebeln

Für das Dressing:
6–8 EL Mayonnaise
2–3 EL Sahne
2–3 EL Zitronensaft
2–3 EL Aprikosensaft
Curry
Zucker, Salz, Pfeffer

Lichters
Fleischgerichte

Steak

Zutaten für 1 Person:

*1 Rindersteak
(2 cm dick,
200–250 g,
ausreichend
abgehangen)
Salz, Pfeffer*

Auf keinen Fall das Fleisch aus dem Kühlschrank direkt in die Pfanne geben. Zwar wird es auf der gebratenen Seite schnell kross, ist im Kern aber viel zu kalt und wird deshalb zu langsam gar. Also: Das Fleisch muss Zimmertemperatur haben. Tupfen Sie die Steaks mit Küchenpapier trocken. Die Pfanne – eine Stahl- oder Eisenpfanne, keine beschichtete – auf höchster Stufe vorheizen. Neutrales hoch erhitzbares Öl oder Pflanzenfett verwenden, denn nur diese Fette halten die hohen Temperaturen aus und verbrennen nicht. Die Steaks auf keinen Fall vor dem Braten würzen, denn Salz zieht Wasser und Pfeffer verbrennt, wird schwarz und schmeckt bitter.

Das Steak von einer Seite anbraten, bis es sich gut vom Pfannenboden lösen lässt und etwas blutiger Fleischsaft in der Mitte austritt. Jetzt das Steak wenden und mit Salz und Pfeffer, nach Belieben auch mit Knoblauch oder einer Gewürzmischung würzen. Wenn das Fleisch auch von der anderen Seite gut angebraten ist, die Hitze auf die Hälfte reduzieren. Jetzt kommt der Trick: Einen Deckel auf die Pfanne setzen, und zwar so, dass er schräg über dem Steak liegt und über den Pfannenrand hinausragt. So kann der Dampf abziehen und das Fleisch wird nicht gesotten. Wie lange das Steak so braten muss, hängt von seiner Dicke und seinem Gewicht ab. Das können 5–10 Minuten, aber auch etwas mehr sein.

Um zu testen, wie gar das Steak ist, mache ich die Druckprobe: einfach mit dem Finger auf das Steak drücken. Gibt es sehr stark nach, dann ist es „englisch" oder noch etwas blutig im Kern. Gibt es kaum noch nach, dann ist es „well done" oder durchgebraten. Für „medium" sollte das Fleisch nur ein wenig nachgeben.

Die Pfanne vom Herd nehmen, das Fleisch aber noch kurze Zeit liegen lassen, eventuell noch einmal wenden, damit sich der Fleischsaft besser verteilt.

Wiener Schnitzel

**Das Original Wiener Schnitzel ist aus bestem Kalbfleisch
und nie vom Schwein. Dann dürfte es nämlich nur Schnitzel
„Wiener Art" heißen.**

Für ein Wiener Schnitzel nimmt man eine bleistiftdicke Doppelscheibe aus der Kalbsnuss, die an der einen Seite noch
zusammenhängt. Das Fleisch mit der flachen Seite des
Fleischklopfers (die geriffelte Seite zerstört die feinen Fasern)
auf ca. 4 mm Dicke klopfen.
Jetzt zunächst das Fett in der Pfanne erhitzen. Butter und
Schweineschmalz eignen sich am besten. Das Geheimnis
perfekter Schnitzel liegt u.a. an der Fettmenge: zwei Finger
hoch in der Pfanne – so viel sollte es schon sein, denn Schnitzel werden schwimmend ausgebacken. Bei zu wenig Fett
geht die Panade nicht richtig auf. Und die Temperatur darf
nicht zu hoch sein, denn dann verbrennt die Panade. Die
Schnitzel unmittelbar vor dem Panieren salzen und pfeffern.
Gut dazu passt auch etwas frisch geriebene Muskatnuss.
Jetzt wird das Schnitzel paniert: Das Schnitzel in Mehl wenden, abklopfen, durch das verquirlte Ei ziehen und in den
Semmelbröseln wenden. Die Panade leicht andrücken. Dann
ab ins Fett – es sollte „aufrauschen", dann stimmt die Temperatur.
Die Pfanne immer wieder leicht schwenken, so dass das heiße
Fett über das Schnitzel schwappt. Auf diese Weise geht die
Panade leichter auf und wölbt sich über dem Fleisch. Das
nennt man „soufflieren". Nach einer Minute das Schnitzel
vorsichtig wenden und die andere Seite auf die gleiche Weise
braten. Kurz bevor die Schnitzel fertig sind, zur geschmack-
lichen Abrundung noch einen Stich Butter zugeben. Wenn die
Schnitzel zu fettig sind, vor dem Servieren kurz auf Küchenpapier legen.
Am besten schmeckt zu diesem Wiener Schnitzel ein selbst
gemachter Kartoffelsalat. Und garnieren Sie immer mit etwas Zitrone.

Zutaten für 1 Person:

*1 Doppelscheibe
aus der Kalbsnuss
Salz, Pfeffer*

Königsberger Klopse auf Lichter Art

Die Schalotten fein würfeln und die Hälfte in etwas Butter weich dünsten. Das klein geschnittene Brötchen ohne Rinde in etwas Milch einweichen. Die Hälfte der Kapern und die Sardellen fein hacken. Das Hackfleisch mit dem Ei, dem Senf, den gedünsteten Schalotten, den klein gehackten Kapern, dem eingeweichten Brötchen und ca. 1 TL abgeriebener Zitronenschale, Salz und Pfeffer zu einem würzigen Fleischteig verarbeiten. Würzen Sie ruhig kräftig, denn Fleischteige werden grundsätzlich etwas überwürzt, da durch das Garen einiges an Geschmack verloren geht.

Nun den Teig zu runden Klopsen (etwa so groß wie ein Golfball) formen. Das geht am besten, wenn Sie sich zwischendurch die Hände mit etwas kaltem Wasser anfeuchten. Die Klopse in der simmernden Fleischbrühe mit einem Lorbeerblatt ca. 10–15 Minuten gar ziehen lassen, auf keinen Fall kochen! Die Klopse herausnehmen und zugedeckt warm stellen. Die Brühe auf die Hälfte einkochen lassen. Den Rest der Schalotten und die fein gehackten Champignons in wenig Butter anschwitzen und mit der reduzierten Brühe ablöschen. Sahne angießen und einkochen lassen. Wenn die Sauce etwas cremig ist, den Rest der Kapern dazugeben und die Klopse in der Sauce erhitzen.

Mit Salzkartoffeln servieren.

Zutaten für 4–6 Personen:

4 Schalotten
Butter
1 altes Brötchen
etwas Milch
4 EL Kapern
6 Sardellenfilets
500 g Hackfleisch vom Kalb
1 Ei
1 EL Senf
1 unbehandelte Zitrone
1 l Fleischbrühe
1 Lorbeerblatt
200 g Champignons
200 ml Sahne
Salz, Pfeffer

Hackfleisch
mit Nudeln

Hackfleisch mit Salz und Pfeffer würzen. In einem Bräter oder einer Pfanne anbraten und die fein geschnittenen Zwiebeln dazugeben. Die Champignons in Scheiben schneiden, darauf geben und 2–5 Minuten anbraten. Danach die Crème fraîche zugeben.

Die Nudeln al dente kochen und mit der Sauce servieren.

Dazu passt Feldsalat sehr gut.

Zutaten für 4 Personen:

500 g Hackfleisch
ca. 150 g Silberzwiebeln
250 g frische Champignons
250 g Crème fraîche
250 g Nudeln (Farfalle)
Salz, Pfeffer

Kaninchenfilets mit gemischtem Gemüse

Ich liebe Kaninchen. Ich komme ja aus einer einfachen Arbeiterfamilie und früher hielten wir Kaninchen, denn Fleisch war teuer. Weihnachten gab es früher immer Kaninchen, deshalb mag ich es heute noch so gerne. Meine Mutter hat aus Kaninchen wirklich alles gemacht: Geschnetzeltes, Braten, Sülzen daraus gekocht, Würstchen ... Deshalb finden Sie auf den folgenden Seiten einige meiner Lieblingsrezepte.

Heute sind Kaninchen von der Qualität zwar hervorragend, aber auch recht teuer.

Die Möhren und den Kohlrabi schälen und in grobe Stücke schneiden. In der Gemüsebrühe so garen, dass sie noch knackig bleiben. Für dieses Gericht nehme ich am liebsten junge, kleine Kartoffeln, so genannte „Drillinge". Sie können nach dem Waschen mit Schale gekocht werden. Die Kartoffeln vor dem Servieren noch einmal kurz in etwas Butter schwenken.

Das Kaninchenfilet sollte vom Metzger vorbereitet sein. Wenn er das Silberhäutchen auf dem Filet nicht abzieht, müssen Sie es selbst machen: Mit einem scharfen, spitzen Messer unter das Häutchen gehen und vorsichtig am Filet entlang fahren. In einer Pfanne etwas Öl erhitzen, die Butter hinzufügen (dann verbrennt sie nicht so schnell) und darin die Filets von allen Seiten anbraten, bis sie eine schöne Bräunung haben, saftig und gar sind.

Kaninchenfilet mit Kartoffeln und Gemüse anrichten.

Sommer

Zutaten für 4 Personen:

6 große Möhren

1 Kohlrabi

½ l Gemüsebrühe

400 g kleine Kartoffeln

600 g Kaninchenfilet

Öl

50 g Butter

Mehl

Salz, Pfeffer

Kaninchen
in Rotweinsauce

Das Kaninchen vom Metzger in 6 Teile zerlegen lassen und mit Salz und Pfeffer im Bräter mit etwas Öl von allen Seiten schön braun anbraten. Das Fleisch aus dem Bräter nehmen. Im gleichen Öl das gewürfelte Röstgemüse (Sellerie, Porree, Zwiebel und Möhren) scharf anbraten. Tomatenmark dazugeben und mit etwas Mehl bestäuben. Wieder kurz angehen lassen und mit Rotwein auffüllen. Die fein gewürfelten Petersilienwurzeln, die zerdrückten Wacholderbeeren und die Lorbeerblätter hinzufügen. Das Fleisch wieder dazugeben und ca. 1 Stunde abgedeckt schmoren lassen.

Die Sauce zum Schluss mit etwas Salz und Pfeffer nach Geschmack würzen. Ich lasse das Gemüse in der Sauce, „dat is lecker". Eventuell noch mit Crème fraîche veredeln.

Dazu gebratene Pfifferlinge mit Speck und Spätzle servieren.

Winter

Zutaten für 4 Personen:

1 Kaninchen

Öl

1/2 Sellerieknolle

2 Stangen Porree

1 Gemüsezwiebel

4 Möhren

2 EL Tomatenmark

1 Pr. Mehl

1 Flasche trockener Rotwein

2 Petersilienwurzeln

6 Wacholderbeeren

2 Lorbeerblätter

400 g Pfifferlinge

50 g Würfelspeck

400 g Spätzle

Salz, Pfeffer

Kaninchen in Senfsauce

Das Kaninchen in acht Teile zerteilen und nach Geschmack mit Salz und Pfeffer würzen. Die Schalotten und den Knoblauch (die angegebene Menge können Sie nach Geschmack auch erhöhen) fein würfeln. Braten Sie das Kaninchen in einer Kasserolle mit Butterschmalz von allen Seiten bei mittlerer Hitze an. Dabei die Teile immer mal wieder wenden und darauf achten, dass sie nicht zu braun werden. Wenn das Kaninchen gut angebraten ist, die Schalotten und den Knoblauch dazugeben und kurz mit anschwitzen.

Mit Cognac und trockenem Vermouth ablöschen, mit Wein und Gemüsebrühe auffüllen und bei 180 °C im Backofen zugedeckt ca. 1 Stunde schmoren. Nach 45 Minuten mit einer Fleischgabel prüfen, ob das Fleisch schon weich ist. Nach Ende der Garzeit die Kaninchenteile aus der Sauce nehmen und zugedeckt warm stellen. Die Schmorflüssigkeit einkochen, jeweils einen guten Teelöffel jeder Senfsorte einrühren und evtl. mit etwas Salz, weißem Pfeffer und Zucker abschmecken. Eiskalte Butterwürfel in die köchelnde Sauce einrühren, das gibt eine schöne Bindung, die aber leider nicht lange hält. Deshalb schnell Thymianblättchen und Tomatenwürfel einrühren und auf grünen Bandnudeln mit den Fleischstücken anrichten.

Mit Thymianzweig und glatter Petersilie garnieren und sofort servieren.

Zutaten für 4–6 Personen:

1 Kaninchen (küchenfertig)
2 Schalotten
1–2 Knoblauchzehen
Butterschmalz
1 Schnapsglas (2 cl) Cognac
50 ml trockener Vermouth
150 ml trockener Weißwein
125 ml Gemüsebrühe
je 1 TL Senf (fein, grob und süß)
100 g kalte Butter
3 Zweige frischer Thymian, gezupft
3 Tomaten
Zucker
Salz, weißer Pfeffer aus der Mühle
Petersilie zum Garnieren
400 g grüne Bandnudeln

Kaninchen in Champagnersenfsauce

Die Kaninchenschenkel mit einer Mischung aus Öl und Champagnersenf (oder grobkörnigem mittelscharfen Senf) bestreichen. In einer Auflaufform 8–10 Minuten bei 230 °C in den Backofen geben.

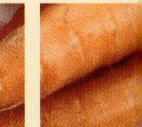

In der Zwischenzeit in einer Pfanne eine Öl-Butter-Mischung erhitzen und darin zerkleinerte Knoblauchzehen, gewürfelte Gemüsezwiebeln, Möhren und Bleichsellerie sowie geviertelte Zuchtchampignons leicht andünsten, mit etwas Brüheextrakt, Salz und Pfeffer würzen und auf dem Boden eines Bräters verteilen. Darauf das vorgebackene Fleisch legen. Eine Mischung aus trockenem Weißwein, Senf, Wasser, etwas Brüheextrakt, Estragon, Sahne, Crème fraîche und geviertelten Tomaten über die Kaninchenkeulen und das Gemüsebett geben. Auf dem Herd bis zum Siedepunkt erhitzen und schonend bei 140 °C im Backofen 40–50 Minuten garen.

Das Fleisch auf einer Platte warm halten und das auf einem Sieb abgetropfte Gemüse um das Fleisch geben. Die verbleibende Sauce aufkochen, mit dem Mixstab pürieren, eventuell mit etwas Stärke andicken und über das Fleisch geben.

Dazu passen Salzkartoffeln, Butternudeln oder Estragonspätzle.

Zutaten für 4 Personen:

4 Kaninchenschenkel
1 EL Öl
3 EL Champagnersenf
Öl, Butter
2 Knoblauchzehen
2 Gemüsezwiebeln
4 Möhren
3–4 Stangen Bleichsellerie
einige Zuchtchampignons
Brüheextrakt
300 ml trockener Weißwein
2 EL Senf
1/4 l Wasser
einige Zweige Estragon
1/4 l Sahne
1/4 l Crème fraîche
3 Tomaten, Salz, Pfeffer

Lammköfte mit Spinat und roten Linsen

Köfte sind im Prinzip nichts anderes als Frikadellen. Für den Fleischteig die Schalotten fein würfeln und in etwas Butter weich andünsten. Das Lammhack, die Schalotten, das Ei, die Semmelbrösel, den Senf und die Kräuter gut durchkneten. Die Menge der Kräuter nach Geschmack variieren. Den Kreuzkümmel am besten in einer trockenen Pfanne kurz anrösten und im Mörser zerstoßen. Den Fleischteig kräftig salzen und pfeffern. Zu länglichen Röllchen formen und in einer Pfanne mit Olivenöl von allen Seiten braten.

Möhren, rote Zwiebeln und Knoblauch fein würfeln und in etwas Olivenöl in einer tiefen Pfanne anschwitzen. Den geputzten und gewaschenen Spinat tropfnass dazugeben, zugedeckt zusammenfallen lassen. Gemüsebrühe und Linsen dazugeben. Bei milder Hitze ca. 20–30 Minuten garen. Salzen und pfeffern. Dal-Linsen sind erheblich schneller gar als alle anderen Linsensorten. Besonders gut schmeckt dazu noch eine Prise Garam Masala.

Fleisch mit dem Gemüse anrichten und servieren.

Zutaten für 4 Personen:

2 Schalotten
Butter
500 g Lammhack
1 Ei
etwas Semmelbrösel
mittelscharfer Senf
Kreuzkümmel
Thymian
Rosmarin
glatte Petersilie
2 Möhren
2 rote Zwiebeln
Knoblauch
Olivenöl
500 g frischer Spinat
1/4 l Gemüsebrühe
200 g Dal-Linsen
(Asia-Shop)
evtl. 1 Pr. Garam
Masala (Asia-Shop)
Salz, Pfeffer

Lammkotelett in Rhabarbersauce

Die Rhabarberhaut abziehen und die Stangen in Streifen schneiden. Die Zuckerschoten in mit Salz und Zucker gewürztem Wasser ca. 7–8 Minuten abkochen. Vor dem Servieren in Butter schwenken.

Das Brot mit Kräuterbutter bestreichen, den Schinken und den Tortenbrie drauflegen und im Backofen bei Oberhitze ca. 5 Minuten überbacken.

Die Lammkoteletts in heißem Öl in einer Pfanne von beiden Seiten scharf anbraten. Den Rhabarber und den Oregano mit etwas Kräuterbutter oben drauflegen. Die Sauce zieht von allein ein. Anschließend mit frischem Knoblauch, Salz und Pfeffer würzen.

Die Lammkoteletts mit etwas Sauce bedecken, dazu das gebackene Brot und die Zuckerschoten servieren – einfach, schnell und ... lecker!

Zutaten für 4 Personen:

6 Stangen Rhabarber

400 g Zuckerschoten

50 g Butter

4 Scheiben Vollkornbrot

100 g Kräuterbutter

8 Scheiben
roher Schinken

4 Scheiben Tortenbrie

16 Lammkoteletts

Öl

1 Topf frischer Oregano

6 große Knoblauchzehen

Salz, Pfeffer

Zucker

Geschmorte Lammhaxen auf Steckrüben-Kartoffel-Gemüse

Die Lammhaxen mit Salz und Pfeffer würzen und in einem Bräter gleichmäßig anbraten. Das gewaschene und geschnittene Gemüse dazugeben und Farbe nehmen lassen. Das Tomatenmark hinzufügen, alles mit Mehl abstäuben und mit Rotwein und Brühe ablöschen. Thymian und Rosmarin hinzugeben und mit Deckel im Backofen bei 180 °C 60 Minuten schmoren. Das Fleisch soll gut gar sein. Die Haxen warm stellen. Den Bratenfond und das Gemüse im Mixer pürieren und durch ein Sieb streichen. Die Sauce bis zur gewünschten Konsistenz einkochen. Abschmecken.

Die äußeren Wirsingblätter beiseite legen und den Strunk entfernen. Für das Steckrübengemüse Wirsingkern klein schneiden und mit den Zwiebel-, Möhren-, Lauch-, Sellerie- und Steckrübenwürfeln in einem Topf anschwitzen. Die Kartoffeln ebenfalls würfeln und hinzugeben, die Brühe angießen. Mit Thymian, Petersilie, Salz und Pfeffer würzen und mit Deckel leicht köchelnd garen. Zum Schluss die Flüssigkeit abgießen und die Butter zum Gemüse geben. Das Steckrübengemüse in den Wirsingblättern anrichten. Lammhaxen mit dem Knochen stehend in die Mitte setzen und mit Sauce übergießen.

Winter

Zutaten für 4 Personen:

4 Lammhaxen à 250 g

1 Stange Lauch

je 2 Möhren, Schalotten

4 Knoblauchzehen

80 g Sellerie

1 TL Tomatenmark

1 EL Mehl

150 ml Rotwein

1/2 l Fleischbrühe

Thymian, Rosmarin

1 Wirsingkopf

50 g Zwiebeln

je 250 g Möhren,

Lauch, Sellerie

je 600 g Steckrüben

und Kartoffeln

1,5 l Brühe

Salz, Pfeffer

Thymian, Petersilie

50 g Butter

Fleischer-Fachgeschäft

Alles Gute, die deutsche Pute.

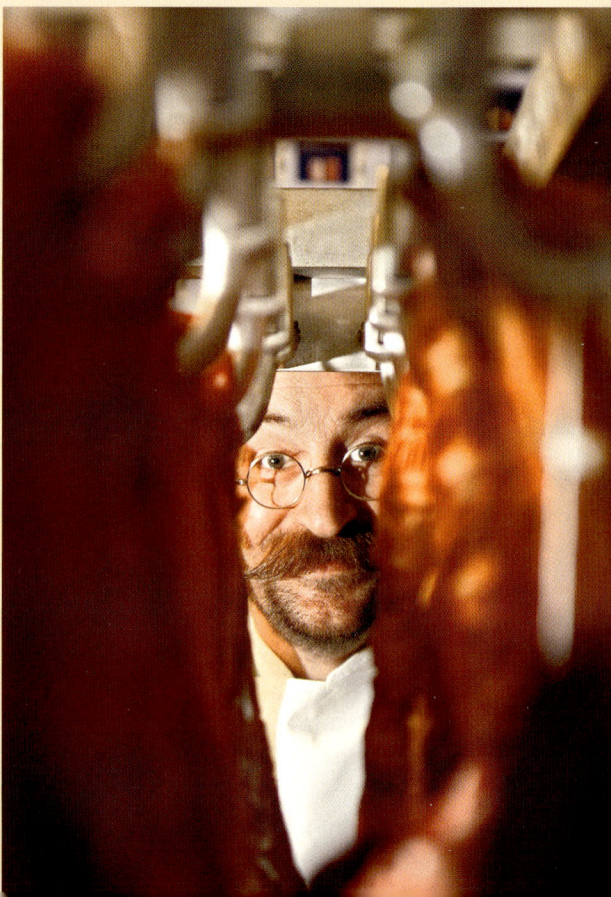

Schweinefleisch süß-sauer

Das Fleisch in feine längliche Stücke schneiden, die Eier verschlagen und die Fleischstreifen darin wenden. In Mondamin wälzen und ins heiße Frittierfett (Wok oder tiefe Pfanne) geben. Knusprig ausbacken und auf Küchenpapier entfetten. Die Fleischstücke vor dem Frittieren nicht zu lange mit der Panade liegen lassen, da sonst alles ins Fleisch zieht.

Jetzt das Gemüse in nicht zu kleine Stücke schneiden. Ich wähle dabei gerne unterschiedliche Formen: die Frühlingszwiebeln und Möhren in schräge, ovale Scheiben, die Paprika in Rauten, den Sellerie in kleine Stücke. Die Ananas schälen und in Stücke zerlegen, den Saft auffangen. Das Frittieröl bis auf 3 EL aus dem Wok gießen oder in eine neue Pfanne 3 EL Öl geben und sehr heiß werden lassen. Alle Gemüsestücke unter ständigem Rühren scharf anbraten. Das nennt man „Pfannen-Rühren".

Aus Essig, Sojasauce, Tomatenmark, Zucker, Orangen- und Ananassaft eine Sauce rühren. 2 EL Mondamin in kaltem Wasser auflösen und zur Sauce geben.

Ich lasse das Gemüse nur kurz sehr heiß anschwitzen; die Frühlingszwiebeln sollten ganz leicht glasig sein, das reicht. Die Ananasstücke zugeben und wieder kurz „Pfannen-Rühren". Jetzt die Sauce dazugießen und einmal kurz aufkochen lassen. Anschließend die Hitze reduzieren und die Sauce leicht eindicken lassen. Das Schweinefleisch im Gemüse nur noch erhitzen. Mit Reis servieren.

Zutaten für 2 Personen:

400 g Schweinefleisch
(Schnitzelfleisch)
2 Eier
4 EL Mondamin
1 l Pflanzenöl
zum Frittieren
1 Möhre
1 Bd. Frühlings-
zwiebeln
je $^1/_2$ rote, gelbe und
grüne Paprika
$^1/_2$ Staudensellerie
$^1/_2$ reife Ananas
3 EL Weißweinessig
oder Sherryessig
3 EL Sojasauce
Tomatenmark
2 EL Zucker
Saft einer Orange
2 EL Mondamin

Schweinebraten mit Möhrengemüse

Den Braten gut und scharf mit Salz und Pfeffer würzen und im Bräter richtig scharf von allen Seiten anbraten. Aus dem Bräter nehmen und im gleichen Fett die gewürfelten Möhren, Sellerie und Porree anbraten. Wenn alles schön braun ist, Tomatenmark und Senf hinzugeben und weiter braten. Leicht mit Mehl bestäuben und mit Bratenbrühe auffüllen. Nun den Braten wieder dazugeben, Deckel drauf und ca. 1 bis 1 ½ Stunden garen lassen.

Mit der Fleischgabel prüfen, ob der Braten gar ist (die Gabel muss sich leicht durchs Fleisch stechen lassen). Aus dem Bräter holen. Den Bratensud durch ein feines Sieb seihen. Er wird schön sämig, weil das Röstgemüse gut verkocht ist. Nach Geschmack mit Salz, Pfeffer und Salbei würzen und wenn nötig mit etwas Sahne flüssiger machen. Ansonsten reicht die Crème double.

Die Möhren schälen und in feine Scheiben schneiden. Mit Butter und einem Spritzer Öl (damit die Butter nicht so schnell braun wird) in einer tiefen Pfanne dünsten lassen. Am besten mit einem Deckel auf der Pfanne. Die fein gehackte Petersilie dazugeben und mit Salz und Zucker abschmecken. Die Kartoffeln schälen, kochen und pressen. Nach Geschmack würzen und separat zum Möhrengemüse und dem Schweinebraten servieren.

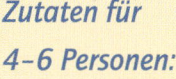

Zutaten für
4–6 Personen:

1 kg Schweinenüsschen
3 Möhren
1/2 Sellerieknolle
1 Stange Porree
2 EL Tomatenmark
2 EL Senf
1 Pr. Mehl
ca. 1 l Bratenbrühe
(alternativ auch Wasser)
evtl. Salbei und
etwas Sahne
150 g Crème double
Salz, Pfeffer

Für das Möhrengemüse:
5 große Möhren
50 g Butter
Öl
1 Bd. Blattpetersilie
2 mehlig kochende
Kartoffeln
Salz, Zucker

Schweinerouladen

Zutaten für 4 Personen:

750 g Schweinerücken
(ohne Knochen)
150 g Blattspinat
2 Zwiebeln
1/2 Salatgurke
1 Möhre
1 Bd. Schnittlauch
1 Bd. glatte Petersilie
4 TL scharfer Senf
4 EL Magerquark
8 Scheiben roher Schinken
Öl
Butter
75 ml Weißwein
1 Becher Sahne
Salz, Pfeffer

Das Fleisch mit der flachen Seite eines Küchenbeils oder einem wenig geriffelten Fleischklopfer flach klopfen. Damit es dabei nicht reißt, beträufele ich es entweder mit etwas Wasser oder lege einen aufgeschnittenen Gefrierbeutel darüber.

Für die Füllung den Spinat putzen, waschen und tropfnass in einem heißen Topf zusammenfallen lassen. Abkühlen und abtropfen lassen. Die Zwiebeln in Ringe und die geschälte Gurke in fingerlange dünne Stifte schneiden. Die Möhre in hauchdünne Scheiben schneiden und die Kräuter hacken. Die Schweinerouladen dann mit Senf und Quark bestreichen. Die Kräuter darüber streuen und den Spinat gleichmäßig auf die vier Rouladen verteilen. Die Hälfte der Zwiebelringe darüber legen, die Gurkenstifte und die Hälfte der Möhrenscheiben dazugeben. Vorsichtig einrollen und das Fleisch nur ganz wenig mit Pfeffer und Salz würzen. Jede Roulade in zwei Scheiben Schinken einrollen und mit einem Zahnstocher fixieren.

In einem Bratentopf zuerst etwas Öl erhitzen, dann einen Stich Butter dazugeben. Die Rouladen darin bei nicht zu großer Hitze von allen Seiten anbraten. Die restlichen Zwiebeln und Möhren dazugeben. Wenn die Rouladen leicht gebräunt sind, etwas Wein zugießen. Im vorgeheizten Backofen mit geschlossenem Deckel bei 225–250 °C etwa 15 Minuten garen. Jetzt den restlichen Wein und die Sahne zugießen und 15 Minuten ohne Deckel zu Ende schmoren. Die Rouladen sind gar, wenn sie schön weich sind. Das können Sie am besten mit einer Fleischgabel prüfen. Die Rouladen aus der Sauce nehmen und warm stellen. Die Schmorflüssigkeit in ein hohes Gefäß füllen und pürieren. Wenn sie zu dünn ist, zurück in den Topf geben und noch etwas einkochen lassen.

Aufgeschnitten und mit Kartoffelpüree serviert sehen die Schweinerouladen nicht nur toll aus, sondern schmecken auch fantastisch.

Pichelsteiner de Luxe

Das Filet in nicht zu kleine Würfel schneiden. Den Sellerie würfeln, den Lauch in Ringe, die Möhren und Kartoffeln in dicke Scheiben schneiden. In einem kleinen Schmortopf die Butter erhitzen, aber nicht bräunen lassen. Die Filetwürfel kurz anbraten (sie müssen keine Farbe annehmen), dann das Gemüse hinzugeben und kurz anschwitzen lassen. Gemüsebrühe aufgießen, das Lorbeerblatt zugeben und ca. 15 Minuten langsam schmoren lassen. Nach dieser Zeit prüfe ich immer das erste Mal, ob die Kartoffeln schon gar sind. Wenn nicht, noch etwas länger schmoren lassen. Sellerie und Möhren können ruhig noch etwas Biss haben. Erst ganz zum Schluss mit Salz und Pfeffer abschmecken.

Der Pfiff dieses Rezepts liegt in seiner Einfachheit, denn so kommen die ursprünglichen Aromen der Zutaten sehr gut zur Geltung.

Zutaten für 4 Personen:

400 g Rinderfilet

200 g Sellerie

200 g Lauch

200 g Möhren

200 g Kartoffeln

125 g Butter

$^1/_2$ l Gemüsebrühe

1 Lorbeerblatt

Salz, weißer Pfeffer

aus der Mühle

Filetscheiben in Rübenkrautsauce

Die Filets mit Salz, Pfeffer und gepresstem Knoblauch braten (erst kurz vor dem Anrichten, damit sie schön rosa bleiben).

Für die Sauce die Zwiebel fein würfeln und in der Kräuterbutter glasig werden lassen. Die gut gereinigten Pfifferlinge und den abgezogenen, in feine Streifen geschnittenen Rhabarber dazugeben und wieder schön angehen lassen. Das Rübenkraut hinzufügen, gut verrühren und mit Calvados ablöschen.

Dazu schmecken leckere Salzkartoffeln.

Frühjahr

Zutaten für 2 Personen:

*4 Scheiben Rinderfilet
à 100 g*

2 Knoblauchzehen

1 Zwiebel

50 g Kräuterbutter

200 g Pfifferlinge

2 Stangen Rhabarber

1 EL Rübenkraut

200 ml Calvados

Salz, Pfeffer

Panierte Blutwurst mit Zwiebelmus

Die Blutwurst schneide ich in vier gleich große Stücke und halbiere sie der Länge nach. Die Hälften mit Mehl, verquirltem Ei und Paniermehl panieren und in Olivenöl kurz von beiden Seiten anbraten. Das Öl abschütten und die Wurst mit ca. 50 g Butter in der gleichen Pfanne von beiden Seiten schön braun backen.

Die Zwiebeln in feine Streifen schneiden und in ca. 50 g Butter glasig dünsten. Ca. 2 TL Waldhonig dazugeben und karamellisieren lassen.

Dazu lecker und einfach in Butter braun gebackene Apfelringe vom sauren Apfel und Kartoffelpüree.

Zutaten für 4 Personen:

1 Kranz Hausmacher Blutwurst
Mehl
2 Eier
Paniermehl
Olivenöl
ca. 100 g Butter
2 Gemüsezwiebeln
ca. 2 TL Waldhonig

Rinderfilet mit Pflaumen im Weißkohlbett

Herbst

Den Weißkohl in Streifen schneiden und in einer Pfanne in Öl anbraten. Nicht würzen! Für die Sauce die Tomaten würfeln und in Butter andünsten. Mit Knoblauch, Salz und Oregano würzen. Crème double dazugeben und leicht ein-reduzieren lassen.

Die Filets mit Salz, Pfeffer und Knoblauch würzen. In einer Pfanne mit den entkernten Pflaumen anbraten. Den Blät-terteig oben drauflegen und das Ganze im Backofen bei ca. 180 °C braun backen.

Den Broccoli in Salzwasser knackig kochen. Alles – das Fleisch im Weißkohlbett – in einer Pfanne anrichten.

Zutaten für 4 Personen:

1 Weißkohl

Öl

6 Tomaten

50 g Butter

6 Zehen Knoblauch

Oregano

2 Crème double

8 Scheiben Rinderfilet

500 g Pflaumen

8 Scheiben Blätterteig

1 Broccoli

Salz, Pfeffer

Marinadenvielfalt für Grillgerichte

Basis-Marinade:
Zitronensaft, Pflanzenöl (für Schweinefleisch oder Geflügel) oder Olivenöl (für Lammfleisch) und Pfeffer miteinander vermischen. Der Zitronensaft beizt durch seine Säure das Fleisch an und macht es zart. Niemals Salz in die Marinade geben, weil es dem Fleisch Saft entzieht. Immer erst das gegrillte Fleisch salzen.

Marinade für Schweinefleisch:
Der Basis-Marinade abgeriebene Zitronenschale, klein gehackte Knoblauchzehen und mittelscharfen Senf untermischen.

Marinade für Lammfleisch:
Zur Schweinefleisch-Marinade noch Senf und Kräuter der Provence hinzufügen.

Saté-Marinade:
Süße Sojasauce, Zitronensaft, Kokosmilch, gemahlener Koriander, fein gehackte Knoblauchzehen, geriebene, frische Ingwerwurzel, kleine, fein gewürfelte Zwiebel und Sweet-Chili-Sauce gut miteinander vermischen.

Erdnusssauce für Saté-Spieße:
Erdnusspaste (Vorsicht, eine milde Ausführung kaufen! Es gibt auch höllisch scharfe!) einfach mit Kokosmilch verquirlen.

Sommer

Für die Basis-Marinade:

10 EL Zitronensaft

1/2 l Pflanzen- oder Olivenöl, Pfeffer

Für die Schweinefleisch-Marinade:

Basis-Marinade

1 EL abgeriebene Zitronenschale

2 Knoblauchzehen

1 EL mittelscharfer Senf

Für die Lammfleisch-Marinade:

Schweinefleisch-Marinade

1 EL Senf, Kräuter der Provence

Für die Saté-Marinade:

1 EL süße Sojasauce

2 EL Zitronensaft

1/4 l Kokosmilch

1 TL Koriander

2 Knoblauchzehen

1 cm Ingwerwurzel, 1 Zwiebel

1 EL Sweet-Chili-Sauce

Lichters
Geflügelgerichte

Hähnchenschenkel
kross gebacken

Zutaten für 4 Personen:

4 Hähnchenschenkel
Salz, Pfeffer
Paprika, Rosenpaprika
Öl
Honig, Malzbier
oder Bier

Für Hähnchenschenkel verwendet man eigentlich gar keine Hähnchen, sondern Poularden, die mit einem Durchschnittsgewicht von 1,5 Kilogramm „mehr Fleisch auf den Schenkeln haben". Die Hähnchen-, sprich Poulardenschenkel, sollten frisch sein. Kaufen Sie sie am besten dort, wo Sie auch erkennen oder nachfragen können, wann die Tiere geschlachtet wurden. Entscheidend für die Qualität des Fleisches ist, wie die Hühner aufgezogen und gefüttert wurden. Achten Sie auf artgerechte Haltung und natürliches Futter.

Zum Braten nehme ich die Hähnchenschenkel rechtzeitig aus dem Kühlschrank, damit sie Raumtemperatur bekommen, so werden sie nachher schneller gar. Jetzt zur Würzmischung: Die kann sich im Prinzip jeder selbst nach eigenem Geschmack zusammenmischen. Ich nehme immer: Salz, Pfeffer aus der Mühle, Paprika und ein wenig Rosenpaprika. Diese Würzmischung am besten in einem Schraubglas aufbewahren. Noch interessanter wird die Mischung, wenn Sie noch einen Zweig frischen Thymian zugeben. Jetzt den Bräter vorheizen und dann das Öl zugeben. Es kann, muss aber nicht, Olivenöl sein – das ist eine reine Geschmacksfrage. Neutrales Pflanzenöl geht immer. Die Hähnchenschenkel bei großer Hitze scharf von beiden Seiten anbraten, dabei aber darauf achten, dass der Paprika nicht zu schwarz wird. Dann kommen die Hähnchenschenkel mit der Hautseite nach oben in den Ofen. Vorher streiche ich sie aber noch mit Honig, Malzbier oder Bier ein. Der Trick: Der enthaltene Zucker sorgt später für die schöne Kruste. Die Garzeit der Hähnchen hängt natürlich von der Größe der Schenkel ab, aber 30 Minuten bei 200 °C sollten Sie schon einplanen. Tipp: In den Bräter einfach etwas Flüssigkeit, z.B. Gemüsebrühe, angießen und klein geschnittenes Gemüse oder Kartoffeln um die Hähnchenschenkel legen; so haben Sie schnell ein einfaches, aber leckeres Gericht gezaubert.

Rotes Hühnchencurry

Wie in der asiatischen Küche üblich, schneiden wir vor dem eigentlichen Kochen alles klein.

Also: Hähnchenbrüste in Stücke schneiden. Die Paprika und den Fenchel in kleine Stücke, Möhren schräg in Scheiben und die Frühlingszwiebeln ebenfalls in Scheiben schneiden. Ingwer und Knoblauch fein hacken. In einer tiefen Pfanne oder besser noch im Wok etwas Erdnussöl und einen Spritzer Sesamöl hoch erhitzen. Knoblauch, Ingwer und 1 TL Currypaste (wer es schärfer mag, nimmt mehr) anschwitzen. Hähnchenbrüste dazugeben und schön braun anbraten. Gemüse dazugeben und unter ständigem Rühren gut anbraten. Kokosmilch zugießen und die Hitze reduzieren. Mit Fischsauce (ist in Thailand die beliebteste Würzsauce und wird anstelle von Salz verwendet) oder Salz und anschließend Pfeffer abschmecken und mit Thai-Basilikum garnieren.

Dazu serviere ich am liebsten Basmati-Reis.

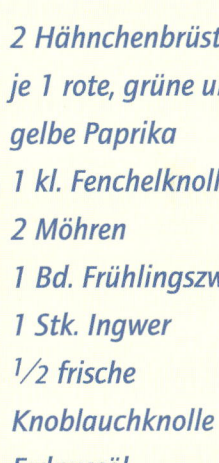

Zutaten für 2 Personen:

2 Hähnchenbrüste
je 1 rote, grüne und
gelbe Paprika
1 kl. Fenchelknolle
2 Möhren
1 Bd. Frühlingszwiebeln
1 Stk. Ingwer
$1/2$ frische
Knoblauchknolle
Erdnussöl
Sesamöl
1 TL rote Currypaste
(Asia-Shop)
1 gr. Dose ungesüßte
Kokosmilch
evtl. Fischsauce
Salz und Pfeffer
Thai-Basilikum
zum Garnieren

Hähnchen mit italienischen Blätterteigtaschen

Das Hähnchen innen und außen kräftig mit Salz und Pfeffer würzen und mit dem Rosenpaprika einreiben. Ca. 100 g Kräuterbutter ins Hähnchen geben. Im Backofen bei 250–300 °C ca. 25 Minuten mit Alufolie bedeckt garen und weitere 10 Minuten ohne Folie knusprig braun backen.

Die rote und gelbe Paprika entkernen und würfeln, die Zucchini ebenfalls würfeln und den Knoblauch fein hacken. Alles in Kräuterbutter anbraten. Zum Schluss die enthäuteten, in Würfel geschnittenen Tomaten dazugeben. Mit Salz, Pfeffer und Oregano würzen und abkühlen lassen.

Die lauwarme Füllung in die ausgerollten Blätterteigvierecke füllen und zusammenfalten. Die Spitzen des Blätterteigs mit den aufgeschlagenen Eiern verkleben und im Backofen bei ca. 180 °C 10–15 Minuten braun backen. Der Blätterteig sollte schön aufgehen.

Dazu schmeckt mir am besten ein schöner frischer Salat mit Essig-Öl-Dressing.

Sommer

Zutaten für 4 Personen:

1 Hähnchen
Rosenpaprika
150 g Kräuterbutter
Alufolie
je 1 rote und
gelbe Paprika
1 Zucchini
3 Knoblauchzehen
2 Fleischtomaten
Oregano
4 Scheiben Blätterteig
2 Eier
Salz, Pfeffer

Hähnchenflügel in Kresserahm

Die Hähnchenflügel würze ich kräftig mit Salz, Pfeffer und Rosenpaprika und brate sie in einer tiefen Pfanne in reichlich Olivenöl schön scharf an. Anschließend hole ich die Flügel aus der Pfanne, lege sie auf ein ungefettetes Backblech und lasse sie im Backofen bei ca. 180 °C 5–8 Minuten fertig garen, bis sie schön knusprig sind.

Für die Sauce nehme ich die Pfanne, in der ich bereits das Geflügel angebraten habe, schütte das Öl ab (nicht die Pfanne säubern, so bleibt der Geschmack für die Sauce erhalten!) und dünste Kräuterbutter und die fein gehackte Zwiebel darin an. Ich gebe den Frischkäse, die Sahne und zum Schluss erst die Kresse hinzu, sonst wird sie matschig. Mit Salz und Pfeffer schmecke ich ab.

Dazu schmecken super Pellkartoffeln von jungen Kartoffeln, mit Speck und Zwiebelringen gebraten.

Frühjahr

Zutaten für 2 Personen:

8 Hähnchenflügel

Rosenpaprika

Olivenöl

20 g Kräuterbutter

1 kleine Zwiebel

200 g Frischkäse

250 ml Sahne

2 Päck. Kresse

Salz, Pfeffer

Eier
aus Auslauhaltung

...isch
...ckpreis

€ 0,22

...öße   XL

...altbarkeitsdatum: 28.4.02

20...

Hähnchenbrust in Birnensauce

Die Erbsenschoten blanchieren und im Anschluss in Butter und etwas Zucker schwenken. Die Hähnchenbrust mit Salz, Pfeffer und Rosenpaprika würzen und mit etwas Mehl bestäuben. In einer heißen Pfanne mit Öl von beiden Seiten anbraten. Die Birnen schälen, in Stücke schneiden und mit einem guten Stück Butter dazulegen. Alles im Backofen bei 160 °C 10–12 Minuten garen lassen.

In der Zwischenzeit die Gemüsezwiebel schälen, in Scheiben schneiden und in einer Pfanne mit Öl kurz anbraten. Die Eier anschlagen, zu den Zwiebeln geben und Schnittlauch hinzufügen. Auch diese Pfanne in den Backofen stellen und alles kurz anbräunen lassen. Fertig ist die „Hähnchenbrust auf Birnensauce mit Zuckerschoten und Zwiebel-Schnittlauch-Ei".

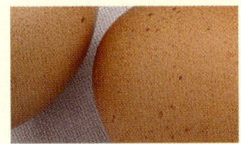

Zutaten für 4 Personen:

400 g Erbsenschoten

100 g Butter

2 Hähnchenbrüste

Rosenpaprika

Mehl

Öl

2 schöne Birnen

1 Gemüsezwiebel

3 Eier

1 Bd. Schnittlauch

Salz, Pfeffer

Zucker

Hähnchenbrust
in Gänselebersauce

Hähnchenbrüste mit Salz und Pfeffer würzen und in Olivenöl kurz von beiden Seiten anbraten, aus der Pfanne nehmen.
Im gleichen Öl die in feine Streifen geschnittenen Frühlingszwiebeln und die in Scheiben geschnittenen Möhren in der
Kräuterbutter anbraten.

Die Gänseleberpastete dazugeben und mit der Brühe aufgießen. Die Hähnchenbrüste wieder in die Pfanne geben
und den fein geschnittenen Schnittlauch darüber streuen.

Deckel auflegen und ca. 10 Minuten bei mittlerer Hitze
garen lassen. Die Nudeln nach Packungsanweisung garen
lassen und dazu servieren.

Zutaten für 4 Personen:

4 Hähnchenbrüste
Olivenöl
2 Frühlingszwiebeln
4 Möhren
30 g Kräuterbutter
80 g Gänseleberpastete
ca. $1/2$ l Geflügelbrühe
1 Bd. Schnittlauch
250 g Foglie d' Olivia
Nudeln mit Basilikum
Salz, Pfeffer

Gänsekeule
mit Rotkohl

Die Gänsekeulen von beiden Seiten in Öl scharf anbraten und mit Salz, Pfeffer und Rosenpaprika würzen. Aus der Pfanne nehmen und ¾ des Öls abschöpfen. Die geschälten Möhren, die Zwiebel, den Porree und den Sellerie in kleine Stücke schneiden und im verbleibenden Öl anbraten. Die ungeschälten, aber gut gewaschenen und in dicke Scheiben geschnittenen Kartoffeln und zwei entkernte und gewürfelte Äpfel hinzugeben. Noch einmal alles gut anbraten.

Tomatenmark dazugeben und gut verrühren. Mit Orangensaft auffüllen und aufkochen lassen. Die Keulen wieder hinzugeben und 90–120 Minuten köcheln lassen. Wenn die Gänsekeulen weich sind, aus der Sauce nehmen. In einer großen Pfanne fein gewürfelten Speck auslassen und den in Streifen geschnittenen Rotkohl kurz anbraten.

Zwei Äpfel in Stücke schneiden (mit Schale, ohne Kerngehäuse) und oben drauf legen. Das Ganze mit Salz, Zucker und Apfelessig abwürzen. Ca. 10 Minuten braten lassen. In der Zwischenzeit die Gänsekeulen im Backofen ohne Sauce ca. 8 Minuten bei 180 °C Oberhitze knusprig backen. Vor dem Anrichten in die Sauce zur Verfeinerung Sahne geben. Kurz aufwallen lassen.

Zur Gänsekeule mit Rotkohl schmecken mir Kartoffelklöße am besten.

Winter

Zutaten für 4 Personen:

4 Gänsekeulen

Öl

Rosenpaprika

6 große Möhren

1 Gemüsezwiebel

2 Stangen Porree

¹⁄₂ Sellerie

500 g Kartoffeln

4 Boskop-Äpfel

50 g Tomatenmark

2 l Orangensaft

125 g fetter Speck

1 Rotkohl

3 EL Apfelessig

250 g Sahne

Salz, Zucker

Straußenfilet in Rote-Beete-Sauce

Achten Sie darauf, dass das Fleisch möglichst aus dem Heimatland der Strauße stammen.

Mit Salz, Pfeffer und Knoblauch würzen und wie Rindersteaks nur kurz braten. Es ist sehr zart und schmeckt am besten rosa gebraten. Zum Schluss ein Stück Kräuterbutter darauf geben.

Für die Sauce den Speck in feine Würfel schneiden und in einer tiefen Pfanne auslassen. Vorsicht, nicht zu heiß! Die Rote Beete ohne Saft mit Crème fraîche und der in Streifen geschnittenen Petersilie kurz aufkochen lassen.

Dazu den blanchierten Broccoli und leckeres Schwarzbrot mit Butter servieren.

Herbst

Zutaten für 4 Personen:

4 Straußenfilets à 250 g

Knoblauch

Kräuterbutter

100 g fetter Speck

1 kleines Glas Rote-Beete-Kugeln

200 g Crème fraîche

1 Bd. Blattpetersilie

2 Broccoli

Schwarzbrot

Butter

Salz, Pfeffer

Saltimbocca alla romana

Zutaten für 4 Personen:

500–600 g Putenbrust
200 g roher Schinken
1 Bd. frischer Salbei
Mehl
100–130 g Butter-
stückchen
200–300 ml trockener
Weißwein
Salz, weißer Pfeffer

Die Putenbrust dünn schneiden und jede Scheibe zwischen zwei Klarsichtfolien auf einem festen Brett noch etwas flacher klopfen. Leicht mit Pfeffer bestreuen. Jede Scheibe mit einer Scheibe luftgetrocknetem oder geräuchertem rohen Schinken und drei bis vier Salbeiblättern belegen, zusammenklappen und festdrücken. Kaum salzen, da der Schinken schon genügend mitwürzt, und dünn mit Mehl bestäuben.

Eine geeignet große Pfanne mit den Butterstückchen auslegen, dicht nebeneinander das Fleisch darauf legen, kalt aufsetzen und erst dann erhitzen. Nicht zu stark, das Fleisch soll nicht braun oder kross werden! Die Saltimbocca wenden, mit einem Sieb noch einmal mit etwas Mehl bestäuben und mit Wein ablöschen. In wenigen Minuten ist das Fleisch zart und gar und die Sauce leicht sämig gebunden.

Sofort servieren – am besten wie in Italien mit Brot zum Tunken der köstlichen Sauce und einem frischen Salat.

Marinierte Entenbrust mit warmem Linsensalat

Linsen gehören zu den ältesten Kulturpflanzen. Bereits vor 10.000 Jahren wurden sie in Ägypten und Kleinasien angebaut. Wegen ihres hohen Gehalts an Eiweiß und Kohlenhydraten zählen Linsen aber auch noch heutzutage in vielen Ländern zu den Grundnahrungsmitteln. Die Vielfalt ist groß: Es gibt Tellerlinsen, Berglinsen, Puy-Linsen und rote Linsen mit ganz unterschiedlichen Geschmacksrichtungen und Kocheigenschaften. Die hier verwendeten französischen Puy-Linsen sind klein und schiefergrau-braun, schmecken nussig bis pfeffrig und bleiben auch nach dem Kochen in Form.

Aus Honig, Senf, Olivenöl und Balsamico-Essig mit etwas Salz eine dickliche Sauce rühren. Damit die Entenbrüste von beiden Seiten einstreichen und mit etwas Thymian und geschrotetem Pfeffer bestreut marinieren lassen. Je länger, desto mehr zieht die Marinade in das Fleisch ein. Empfehlenswert sind 1–3 Stunden, dabei mit Frischhaltefolie abdecken. Die Schalotten fein würfeln und in Olivenöl anschwitzen, die Linsen hinzugeben und mit Gemüsebrühe auffüllen. Die Linsen sollten gut mit Flüssigkeit bedeckt sein. Ankochen und dann bei geringer Hitze zugedeckt ziehen lassen. Immer wieder kontrollieren, ob die Linsen noch gut mit Brühe bedeckt sind. Wenn nicht, Flüssigkeit zugeben. Gegen Ende der Garzeit die klein geschnittenen Feigen und den geschälten, klein geschnittenen Apfel dazugeben. Den Rest der Marinade einrühren und mit Rotweinessig, Walnussöl und vielleicht ein wenig Zucker abschmecken. Thymianblätter und falls nötig Gemüsebrühe hinzugeben. Im Backofen bei 50 °C warm halten.
Die Entenbrüste in heißem Öl oder Butterschmalz von beiden Seiten anbraten. Die Hautseite sollte schön kross werden. In Alufolie einschlagen und im Backofen bei 100 °C ca. 10–15 Minuten garen lassen, mit dem Linsensalat anrichten.

Zutaten für 2 Personen:

1 EL Honig

1 EL Senf

3 EL Olivenöl

1 EL Balsamico-Essig

2 Entenbrüste

Thymian

2 Schalotten

200 g Puy-Linsen

Gemüsebrühe

100 g getrocknete Feigen

1 kleiner Apfel

Rotweinessig

Walnussöl

Öl oder Butterschmalz

Salz, Pfeffer

evtl. Zucker

Lichters
Fischgerichte

Fischfrikassee mit Safranreis

Die Schalotte in feine Würfel schneiden und in 30 g Butter leicht glasig andünsten. Die Muscheln im Sieb abtropfen lassen, dabei den Sud auffangen. Den Steinbeißer in Stückchen zu den Schalottenwürfeln geben und 2 Minuten andünsten, dabei ab und zu wenden. Weißwein und Muschelsud zugießen und den Fisch zugedeckt bei milder Hitze 5 Minuten ziehen lassen. Die Fischstücke herausnehmen und warm halten.

In einem zweiten Topf 1 TL Butter aufschäumen lassen und das Mehl unterrühren. Mit dem Fisch-Weißwein-Muschelfond aus dem anderen Topf auffüllen und mindestens 10 Minuten bei milder Hitze durchkochen lassen. Gelegentlich umrühren. Erst nach dieser Zeit verschwindet der Mehlgeschmack. Die Sahne unterziehen und mit etwas Zitronensaft abschmecken. Schmeckt es zu sauer, können Sie ruhig mit etwas Zucker süßen. Den Anisschnaps hinzugeben.

Die Fischstückchen, die Muscheln und die Krabben in die Sauce geben und vorsichtig erhitzen, nicht mehr kochen. Erst jetzt mit Pfeffer würzen und mit Salz abschmecken. Den Reis in einen Topf geben und die doppelte Menge Wasser zugießen. Aufkochen lassen und bei milder Hitze 10–15 Minuten ziehen lassen. Den Safran und etwas Butter zugeben und noch etwas ziehen lassen. Dann mit dem Frikassee servieren.

Zutaten für 4 Personen:

1 Schalotte
50 g Butter
1 Glas Muschelfleisch
500 g Steinbeißerfilet (oder ein anderes festes, weißes Fischfilet)
1/8 l trockener Weißwein (Riesling)
20 g Mehl
125 ml Sahne, Zitronensaft
1 Gläschen (2 cl) Anisschnaps
125 g Krabbenfleisch (Nordseekrabben sind in der Regel schon gekocht, rohe Crevetten oder Tiefseekrabben müssen Sie vorher kurz in kochendem Salzwasser garen)
375 g Langkornreis
1 Pr. Safranpulver
weißer Pfeffer aus der Mühle, Salz

Dorade gefüllt
mit grünen Kräutern

Die Doraden unter fließendem Wasser mit einem scharfen Messer an beiden Seiten gründlich entschuppen.

Mit Salz, Pfeffer aus der Mühle und Worcestersauce einreiben. Die Hälfte der fein gehackten Kräuter in die Dorade füllen und mit Kräuterbutter verschließen. Mit Alufolie bedeckt in einer tiefen Pfanne im Backofen bei 250 °C ca. 15 Minuten garen. Den Fisch aus der Pfanne nehmen und warm stellen.

Die Hälfte des Bratensuds aus der Pfanne ausgießen. Ein Stück Kräuterbutter hineingeben. Mit dem Saft der Zitrone, dem Rest der Kräuter und der Crème fraîche auffüllen, mit dem Schneebesen gut verrühren und einmal kurz aufkochen lassen. Mit grünen Pfefferkörner würzen. Die Dorade auf der Sauce anrichten.

Dazu schmeckt am besten Naturreis in Butter geschwenkt.

Sommer

Zutaten für 2 Personen:

2 Doraden
Worcestersauce
je 1 Bd. grüne Kräuter,
z.B. Basilikum, Thymian, Dill,
Schnittlauch, Blattpetersilie
100 g Kräuterbutter
Alufolie
1 ungespritzte Zitrone
200 g Crème fraîche
1/4 TL grüne Pfefferkörner
Salz, Pfeffer aus der Mühle

Lachsforelle auf Frühlingsgemüse

Die Lachsforelle unter fließendem Wasser gut entschuppen und an den Seiten 2- bis 3-mal quer einschneiden, mit Salz, Pfeffer und Worcestersauce würzen und Kräuterbutterflocken in die Einschnitte legen. In den Bräter geben und mit Alufolie bedeckt im Backofen ca. 20 Minuten bei 250 °C garen.

Für die Sauce die geschälten Möhren und die Zucchini in feine Scheiben und die Paprika in feine Streifen schneiden. Die Zwiebel würfeln und in Butter anschwitzen. Das Gemüse hinzugeben und gut anbraten. Kräuterfrischkäse und Basilikum dazugeben und mit Fischbrühe aufgießen. Es muss nicht nachgewürzt werden, da der Käse genug Würze gibt.

Dazu ist ein aufgebackenes Baguette sehr lecker.

Zutaten für 4 Personen:

*1 schöne große
Lachsforelle (ca. 1,5 kg)
Worcestersauce
50 g Kräuterbutter
4 Möhren
1 Zucchini
1 orange Paprika
1 Zwiebel
Butter
150 g Kräuterfrischkäse
8 Blätter Basilikum
1/2 l Fischbrühe
Salz, Pfeffer*

Steinbeißer mit gebackenem Blumenkohl

Den Blumenkohl in Röschen teilen und knackig kochen. In verquirlten Eiern, Paniermehl und etwas Salz wenden. In Öl braun backen. Die Kartoffeln schälen, in Salzwasser kochen und vor dem Servieren in Butter schwenken.

Den Steinbeißer mit Salz und Worcestersauce würzen, leicht mehlieren und in wenig Öl von beiden Seiten anbraten.

Danach den Fisch ca. 5–7 Minuten mit ein wenig Butter bedeckt im Backofen überbacken.

Fisch mit Blumenkohl und Kartoffeln anrichten.

Zutaten für 4 Personen:

1 großer Blumenkohl

5 Eier

Paniermehl

Öl

500 g Kartoffeln

50 g Butter

4 Steinbeißerfilets

Worcestersauce

Mehl

Salz

086 Schellfisch o. Kopf
-gefangen im NO-Atlantik-
€/kg 4,95

012 Lachs 4/5
-aus Aquakultur in Schottland-
€/kg 4,98

002 Lachs 3/4
-aus Aquakultur in Schottland-
€/kg 4,98

010 Lachs 3/4 4/5
-aus Aquakultur in Schottland-
€/kg 4,98

102 Seezunge 3/4
-gefangen im NO-
€/kg 14,

040 Regen-bogen-forelle
-aus Aquakultur in Dänemark-
5,25

Gefüllte Maischolle

Zwiebelwürfel in Butter glasig andünsten. Nach ca. einer Minute die in feine Streifen geschnittene Möhre und den in feine Ringe geschnittenen Porree dazugeben. Mit Zitronensaft, Salz und weißem Pfeffer würzen. Unter die abgekühlte Masse Crème fraîche und Eigelb sowie Shrimps oder Krabben mischen.

Schollen unter fließendem Wasser säubern und trocken tupfen. Auf der hellen Hautseite rechts und links parallel zur Mittelgräte Taschen hineinschneiden (mit einem scharfen und spitzen Messer). Mit der dunklen Hautseite nach unten auf gut ausgefettete Backbleche legen. Die helle Hautseite und die Taschen innen mit Zitronensaft einpinseln, die Füllung in die Taschen geben, darüber den Zwieback bröseln und die helle Fischhaut mit flüssiger Butter einpinseln. Den Backofen auf 220 °C vorheizen und die Schollen ca. 25 Minuten garen. Auf die Teller geben, mit etwas Salz nachwürzen und mit Salzkartoffeln anrichten.

Für die Sauce 3–4 EL Butter in einer Pfanne auflösen (aber nicht bräunen), mit Pfeffer, Salz und 1 EL Zitronensaft würzen. Sauerampfer und Frühlingszwiebeln in feine Streifen schneiden und unterheben. Sofort über die Salzkartoffeln geben und servieren.

Dazu passt am besten grüner Salat.

Frühjahr

Zutaten für 4 Personen:

Für die Füllung:
1 Zwiebel
Butter
1 Möhre
1 Stange Porree
1 EL Zitronensaft
150 g Crème fraîche
2–3 Eigelb
150–200 g Shrimps oder Krabben

4 Schollen
Zitronensaft
2 Scheiben Zwieback
Butter
500 g Kartoffeln
1 Bd. Sauerampfer
1 Bd. Frühlingszwiebeln
Salz, weißer Pfeffer

Lichters
Beilagen

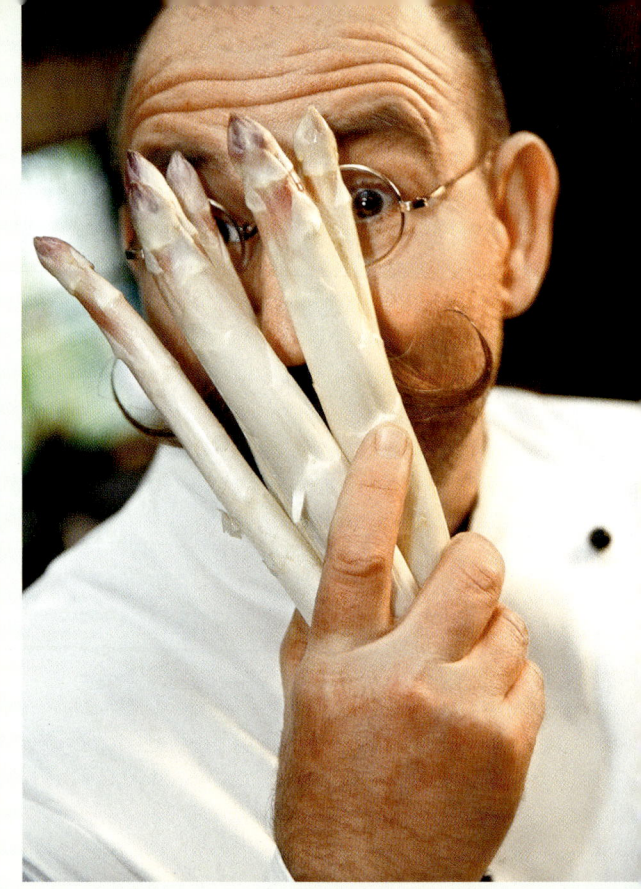

Scharfe Möhren

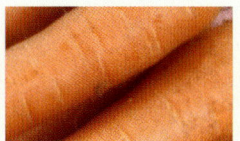

Zuerst die Möhren putzen. Sind sie sehr sauber, müssen sie nicht geschält werden, sondern es reicht, wenn Sie sie abbürsten. Dann die Möhren in schräge, ovale Streifen schneiden – das sieht viel besser aus als die simplen kreisrunden Scheiben.

Die Peperoni der Länge nach aufschneiden und die Kerne entfernen, denn sie machen die eigentliche Schärfe aus. Dann in kleine Ringe schneiden. Jetzt die Butter in einer Kasserolle aufschäumen und die Nelken und Peperoniringe hinzugeben. Alles kurz anschwitzen und etwas Zucker zugeben. Die Möhren dazu und das Ganze gut umrühren, so dass alle Möhrenscheiben etwas von der Butter abbekommen. Durch den Zucker in der Butter werden die Möhren karamellisiert. Jetzt einfach den Deckel drauf und das Gemüse bei geringer Hitze 15–20 Minuten schmoren lassen. Die Möhren sollten am Ende noch etwas Biss haben. Kurz vor dem Ende die Knoblauchzehe hineinpressen und ganz zum Schluss die gehackte Petersilie über die Möhren streuen.

„Scharfe Möhren" passen gut zu Kurzgebratenem wie Kalbsteak, mit einem Stück Baguette sind sie aber auch eine kleine Vorspeise.

Tipp: Kaum gekauft, schon liegen die Möhren schlaff und farblos in der Küche. Alles kein Problem mit der richtigen Lagerung: Das Grün der Möhren muss ab und dann das Gemüse in einem Gefrierbeutel mit Löchern in den Kühlschrank legen. So bleiben die Möhren lange knackig.

Zutaten für 2 Personen:

1 kl. Bd. Möhren
1 rote Peperoni
100–150 g Butter
3 Nelken
1 Knoblauchzehe
glatte Petersilie
Zucker, Salz

Grüner Spargel

Grüner Spargel ist klasse, weil er nicht geschält werden muss.
Nur das untere Ende etwas abschneiden und schälen, falls
es holzig ist. Wie weißer Spargel ca. 5–8 Minuten in Salzwasser mit Butter und Zucker kochen.

Für die Sauce die fein gehackte Petersilienwurzel in etwas
Butter andünsten, Sahnemeerrettich dazugeben und mit
Sahne auffüllen. Mit Salz, Pfeffer und geriebener Muskatnuss würzen und schön einkochen lassen. Sollte dies zu
scharf sein, etwas Zucker hinzugeben.

Klasse Idee dazu: ein Pfannkuchen mit Blattpetersilie und
leckere Entenbrust.

Frühjahr

Zutaten für 2 Personen:

500 g grüner Spargel

50 g Butter

1 Petersilienwurzel

2 EL Sahnemeerrettich

400 ml Sahne

Muskatnuss

Salz, Pfeffer

Zucker

Gebratener Wirsing

Den Wirsing in ca. $^1/_2$ cm dicke und ca. 3 cm lange Streifen schneiden und gut waschen. Den Speck im Bräter auslassen. Die Zwiebel in Streifen schneiden, dazugeben und gut anbräunen. Kräuterbutter und zuletzt den Wirsing hinzufügen. Mit Deckel ca. 5 Minuten kochen lassen, bis alles zusammenfällt. Mit Sahne auffüllen, mit Salz, Pfeffer und geriebener Muskatnuss würzen und noch ca. 10 Minuten bei kleiner Hitze garen lassen.

Dazu schmecken am besten selbst gemachte Pommes und Ketchup.

Winter

Zutaten für 2 Personen:

$^1/_2$ Wirsing

50 g fetter Speck

1 Zwiebel

50 g Kräuterbutter

250 ml Sahne

Muskatnuss

Salz, Pfeffer

Auberginen mit frischem Blattspinat

Den Spinat gut waschen und in kochendem Wasser kurz blanchieren. Danach mit Speckwürfeln und der Kräuterbutter in einer Pfanne schön anbraten. Mit Salz, Pfeffer, Muskatnuss und viel frischem Knoblauch würzen.

Die Auberginen waschen, in ca. 1 cm dicke Scheiben schneiden und mit Butter in einer Pfanne von beiden Seiten anbraten.

Nun die Auberginenscheiben mit Spinat belegen und mit dem Ziegengouda bedecken (er eignet sich hervorragend zum Überbacken). Im Backofen ca. 5 Minuten bei 220 °C überbacken. Dazu eine Scheibe frisches Brot servieren.

Zutaten für
4–6 Personen:

800 g Spinat
50 g Würfelspeck
50 g Kräuterbutter
5–8 Zehen frischer
Knoblauch
4 Auberginen
50 g Butter
8 Scheiben Ziegengouda
Salz, Pfeffer
Muskatnuss
frisches Brot

Ratatouille

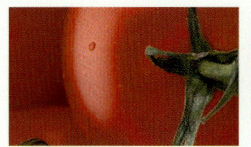

Wichtig ist die Reihenfolge des Schmorens: Zuerst die in Stücke geschnittene Aubergine in reichlich Olivenöl anbraten und zum Abtropfen auf Küchenkrepp geben. Braten Sie dann mit etwas von diesem Öl in einem Bräter die in grobe Stücke geschnittenen Paprikas an, bis sie ein wenig glasig sind. Dann kommt die ebenfalls in grobe Stücke geschnittene Zwiebel dazu. Dünsten, bis sie glasig ist. Danach die Zucchinistücke und die enthäuteten, entkernten und in Stücke geschnittenen Tomaten hineingeben. Die Menge des klein gehackten Knoblauchs und der Kräuter entscheiden Sie nach Ihrem eigenen Geschmack. Runden Sie das Gericht mit einem dicken Klecks Tomatenketchup (ca. 2 EL) ab. Salzen und pfeffern nicht vergessen. Zugedeckt ca. 20–30 Minuten bei kleiner Hitze schmoren. Geben Sie die Auberginen erst kurz vor dem Servieren wieder dazu.

Dazu schmecken besonders gut Kräutersteaks. Sie sollten ca. 2 cm dick sein und werden nach dem Braten in gehackten Kräutern gewendet. Sie garen im Backofen noch etwas nach. Zubereitung siehe „Steak", Seite 48.

Zutaten für 4 Personen:

1 Aubergine
Olivenöl
je 1 rote, grüne, gelbe Paprika
1 Zwiebel
2 Zucchini
8 reife Tomaten
1/2 frische Knoblauchknolle
1 Lorbeerblatt
Thymian, Rosmarin, Oregano
Tomatenketchup
Salz, Pfeffer

Einfach vegetarisch

Die fein gehackten Knoblauchzehen und Schalotten, die gevierltelten Champignons und den fein gewürfelten Ingwer dünste ich in der ausgelassenen Butter an. Die gehäuteten Tomaten schneide ich in Würfel, lösche mit Balsamicoessig ab und verdünne mit etwas Gemüsebrühe. Gewürzt wird mit Salz, Pfeffer und zum Neutralisieren des Essigs mit etwas Zucker. Nun haben wir eine tolle, fast chinesisch süßsaure Sauce.

Den Blumenkohl lege ich am Stück in kochendes Salzwasser, lasse ihn kurz kochen und stelle ihn dann zur Seite. Er gart in der Zeit, in der ich den Rest zubereite, neben dem Ofen fertig. Den Kohlrabi, Porree, Staudensellerie, Fenchel und die Möhren wasche, schäle und schneide ich in gleich große Stücke und lasse alles in der Gemüsebrühe gar ziehen. Wenn nötig, kann noch mit Salz und Pfeffer gewürzt werden.

Ich gebe die Sauce in einen Bräter, eine Pfanne oder auf eine tiefe Platte, richte den Blumenkohl in der Mitte an und verteile das restliche Gemüse schön drum herum. Dazu sind Kartoffelnudeln in Butter geschwenkt sehr lecker.

Tipp: Blauer Blumenkohl ist eine Rückzucht auf den ursprünglichen Blumenkohl, der nicht lichtfest war und bei Sonne dunkel wurde, anstatt so weiß zu bleiben, wie es die Mode vorschrieb. Beim Kochen wird er sehr schön violett. Blauer Blumenkohl schmeckt genau wie der weiße.

Sommer

Zutaten für 4 Personen:

3 Knoblauchzehen

2 Schalotten

300 g Champignons

1/2 Knolle frischer Ingwer

30 g Butter

3 große Tomaten

dunkler Balsamicoessig

1 l Gemüsebrühe

1 blauer Blumenkohl

1 große Kohlrabi

1 dicke Stange Porree

1 Staudensellerie

1 große Fenchelknolle

4 dicke Möhren

500 g Kartoffelnudeln

Salz, Pfeffer

Zucker

Lichters
Desserts

Pfirsich-Melonen-Creme
mit Beerensauce

Crasheis einfach gemacht:
Falls Ihr Mixer kein Eis zerkleinern kann, geben Sie einfach Eiswürfel in ein Küchentuch und schlagen Sie es mit dem Hammer klein.

Für die Beerensauce mixe ich die gewaschenen Beeren mit ca. 200 ml Crasheis und 2 EL Puderzucker zu einem feinen Mus und stelle es anschließend kalt.

Ich entferne die Kerne der Pfirsiche und enthäute sie. Die Honigmelone entkerne ich und schneide vorsichtig das Fruchtfleisch aus der Schale, denn die Schale benötigen wir noch für die Dekoration. Die Pfirsiche und das Melonenfleisch werden fein gewürfelt. Ich gebe die Würfel mit dem Vanilleeis, dem Mark der Vanilleschote und dem Grand Marnier in einen Mixer und rühre alles sehr gut und lange zu einer Creme.

Die gut gekühlte Beerensauce gebe ich in eine tiefe Schüssel. Darauf richte ich die mit der Creme gefüllte Melonenschale an.

Sommer

Zutaten für 4–6 Personen:

250 g Erdbeeren

50 g Brombeeren

100 g Himbeeren

200 ml Crasheis

Puderzucker

3 Pfirsiche

1 reife Honigmelone

200 g Vanilleeis

1 Vanilleschote

0,4 ml Grand Marnier

Obstpfannkuchen

Eigelb von Eiklar trennen. Eigelb vorsichtig mit Mehl, Milch und einer Prise Salz zu einem cremigen Teig verrühren. Das Eiklar gut gekühlt zu Schnee schlagen und unter den Teig heben. Eine Pfanne mit etwas Öl einreiben und den Teig einfüllen. Jetzt so viel Obst, z.B. Apfelstücke, Erdbeeren, Himbeeren, auflegen, wie Sie möchten, und im Backofen bei 250 °C schön braun aufgehen lassen. Mit Zimt und Zucker bestreuen.

Dazu ein leckeres Tässchen Kaffee oder Kakao – wow!

Sommer

Zutaten für 2 Personen:
3 Eier
ca. 100 g Instant-Mehl
ca. $^1\!/_4$ l H-Milch
1 Pr. Salz
Zimt und Zucker
Obst nach Wahl

Orangenpfannkuchen

Zutaten für
2–4 Personen:

100 g Mehl
2 Eier
¼ l Milch
1 EL Zucker
1 Pr. Salz
Öl zum Backen

Für die Orangensauce:
3 Orangen
125 g Puderzucker
1 Schnapsglas
(2 cl) Orangenlikör
(Grand Marnier,
Cointreau)
150 ml Orangensaft,
frisch gepresst

Mehl, Eier, Milch, Zucker und Salz zu einem flüssigen Teig verrühren und eine halbe Stunde ruhen lassen, damit das Mehl schön aufquellen kann. Statt der Milch können Sie auch Mineralwasser nehmen, dann werden die Pfannkuchen etwas trockener und knackiger.

In eine beschichtete Pfanne etwas Öl geben und den Teig portionsweise bei mittlerer Hitze sehr dünn ausbacken. Die Pfannkuchen zu Vierteln zusammenklappen und warm stellen.

Die Orangen großzügig schälen und die Filets mit einem scharfen Messer an den Häuten entlang auslösen. In einer Pfanne oder Kasserolle mit dickem Boden den Puderzucker schmelzen und leicht karamellisieren lassen. Sobald er goldbraun ist, mit Orangenlikör ablöschen. Mit Orangensaft auffüllen und Karamell darin auflösen und einkochen lassen. Wenn die Sauce andickt, die Orangenfilets dazu geben und etwas ziehen lassen. Dann die warmen Pfannkuchenviertel in die Sauce legen und noch einmal kurz erhitzen.

Bibliografische Information der Deutschen Nationalbibliothek
Die Deutsche Nationalbibliothek verzeichnet diese Publikation in der Deutschen Nationalbibliografie; detaillierte bibliografische Daten sind im Internet über http://dnb.d-nb.de abrufbar.

Originalausgabe:
© 2002 vgs
verlegt durch EGMONT Verlagsgesellschaften mbH, Gertrudenstraße 30-36, 50667 Köln
Alle Rechte vorbehalten

Redaktion: Stefanie Koch
Lektorat: Alexandra Panz
Produktion: Angelika Rekowski
Fotos: Cornelis Gollhardt, Köln/Stephan Wieland, Düsseldorf
Bildredaktion: Katja Fauth
Umschlaggestaltung: Sens, Köln
Layout: Veronika Richter
Satz: Felder KölnBerlin
Druck: Firmengruppe APPL, aprinta druck, Wemding
Printed in Germany
ISBN 978-3-8025-1506-4

www.vgs.de

Register